I0166303

# L'AVENIR DÉVOILÉ

## PAR LES CARTES

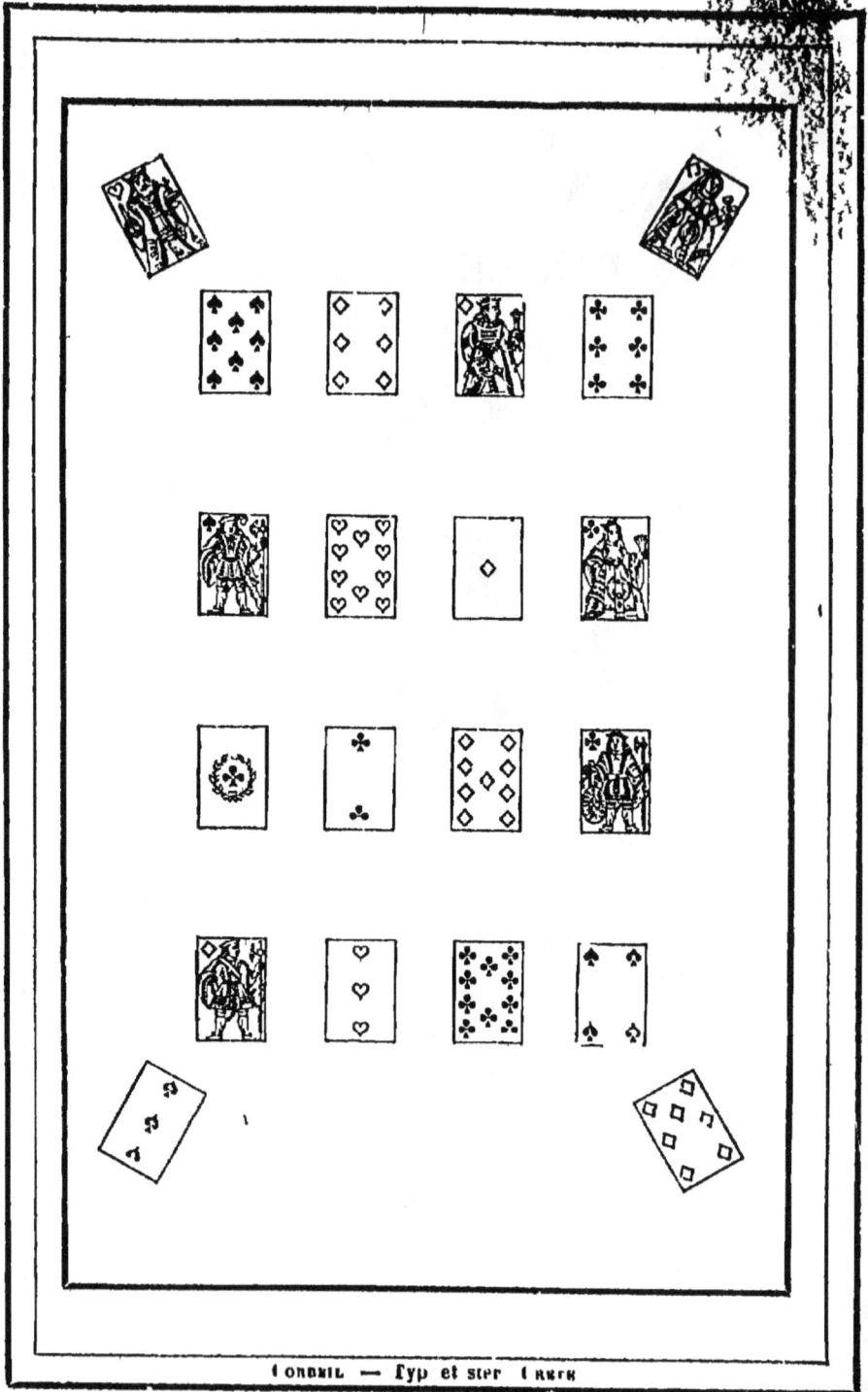

CONDUIL — Typ et ster Crerk

# L'AVENIR DÉVOILÉ

## PAR LES CARTES

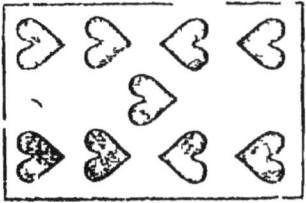

LA ROUE DE FORTUNE

# ASTAROTH

# L'AVENIR DÉVOILÉ

PAR

## LES CARTES

CONTENANT

LA DIVINATION PAR LES CARTES

LES DIFFERENTES MANIERES DE LES TIRER

**LES REUSSITES, LE GRAND JEU**

L'EXPLICATION DES SONGES PAR LES CARTES

## PARIS

THÉODORE LEFÈVRE ET Cie, ÉDITEURS

RUE DES POITEVINS

# L'AVENIR
# DÉVOILÉ PAR LES CARTES

## PREMIERE PARTIE

### CHAPITRE PREMIER
#### ORIGINE DES CARTES

Les cartes proprement dites sont très anciennes Elles nous viennent de l'Égypte, et il est probable que les Egyptiens les tenaient d'autres peuples superstitieux, — quel peuple ancien ne l'a pas été ? — lesquels, fatigués sans doute d'interroger les astres ou les augures, avaient demandé à d'autres moyens de leur rendre des oracles.

Ces moyens étaient des cartes-tarots ou cartes hiéroglyphiques. Le seul livre échappe à l'incendie de la bibliothèque d'Alexandrie, lequel etait le livre de Thot, en parle et nous apprend que ces moyens n'étaient autres que des tarots, c'est-a-dire des cartes tracées sur des lames d'or, d'argent, de bois ou d'ivoire, quelquefois sur parchemin.

1

Les bohémiens, ce peuple nomade qui a propagé la superstition en Europe, en même temps qu'il nous apportait ses danses et sa musique originale, que le moyen âge exorcisait et qui avait parfois l'honneur de partager avec les juifs les tortures et les bûchers, sont les premiers qui nous aient donné, non pas les cartes à jouer, mais bien les cartes à prédire l'avenir.

Ces cartes, dont il existe encore de curieux spécimens, étaient des petites tablettes couvertes de signes cabalistiques dont chacun avait un sens. On en retrouve encore beaucoup en Chine, et les Chinois y attachent une grande importance divinatoire.

Mais si la légende veut que ce soient des bohémiens qui aient introduit les cartes en France, l'histoire veut aussi que ce soit un artiste qui en ait fait un divertissement. Cet artiste ne serait autre qu'un certain Jacquemin Gringonneur qui imagina de peindre des petits cartons plus ou moins allégoriques pour distraire de sa folie le roi de France Charles VI (1392).

Que ce soit vrai ou non, les cartes en France ne datent que de cette époque, mais ce ne fut que sous Charles VIII qu'elles furent perfectionnées et reçurent les différents noms qu'elles portent aujourd'hui. Ces dénominations, essentiellement françaises, se rapportent aux personnages du temps, ainsi qu'à leurs pensées et à leurs exploits. Il y avait, il y a encore, sauf quelques modifications insignifiantes, un roi, une reine, un écuyer, un varlet, un as, plus un neuf, un huit, un sept. L'écuyer a été remplacé par le dix

Ces cartes étaient à la tête de leurs soldats, c'est-à-dire des cartes numérales, dix, neuf, huit et sept représentant le nombre de ces soldats. Chaque couleur avait une signification militaire Le cœur, c'était la bravoure ; le carreau et le pique, les armes ; le trèfle, les fourrages indispensables à toute armée en campagne. L'as, nom d'une monnaie romaine, était le symbole de l'argent.

Le roi de cœur, c'est Charles (Charlemagne ou Charles VI); celui de carreau, César; celui de trèfle, Alexandre ; celui de pique, David ; quatre héros, rois ou empereurs.

La dame de trèfle, Argine (anagramme de regina, reine), c'était la reine de France, sans doute Marie d'Anjou, femme de Charles VII La dame de cœur, Judith, représentait Isabeau de Bavière, reine aussi galante qu'infâme , la dame de carreau, Rachel, Agnès Sorel, maîtresse de Charles VII ; enfin la dame de pique, Pallas (ou Minerve), Jeanne d'Arc, la vierge de Domrémy, le sauveur de la France.

Les valets portent les noms des héros, capitaines ou paladins de notre histoire, Lahire, Hector (de Galard), Lancelot et Ogier. Ces deux derniers datent de Charlemagne, mais on n'avait sans doute trouvé parmi les capitaines de l'époque que Lahire et Hector dignes de figurer dans ce noble jeu.

Les cartes une fois trouvées, que devinrent-elles? Les bohémiens n'étant plus là pour s'en servir d'oracles, on en fit un jeu instructif, amusant, qui, petit a petit, par corruption, comme on dit à l'Académie, se changea en jeu de combinaisons et enfin en jeu de hasard.

Ce n'est que plus tard, au dix-huitième siècle, ce siècle des Cagliostro et des Marat, des philosophes et des charlatans, que les joueurs crurent voir dans les cartes des allégories de la Fortune. De là à vouloir y lire l'avenir, il n'y avait qu'un pas. Ce pas fut vite franchi, grâce à deux insensés, l'un, Court de Gébelin, qui poussa la folie du magnétisme jusqu'à se tuer lui-même en se magnétisant, l'autre, non moins exalté, Aliette, connu sous l'anagramme d'Etteila, qui a tenté de faire de la cartomancie une science certaine, aussi exacte que l'algèbre.

Ce grand homme, — que sa célébrité nous pardonne cette épithète! — a ressuscité le fameux livre de Thot. Nous lui devons de connaître les tarots où chacun peut lire toutes les choses de la nature, du passé, du présent, de l'avenir. Mademoiselle Lenormand, qui lui a succédé en célébrité, delaissa les tarots pour le jeu de piquet. A eux deux appartient le secret de la cartomancie que nous tenterons de dévoiler dans ce volume. Ici nous n'en parlerons que pour mémoire.

Mais rendons-leur cette justice que, sans eux, les cartes n'auraient pas acquis autant de reputation. Ils ont fait de la cartomancie un art, et ont permis

aux plus ignorants de lire dans les cartes une
partie de l'avenir, grâce à des moyens simples,
techniques qu'un enfant pourrait comprendre,
comme il comprend un jeu de patience. A eux
cet honneur, si c'en est un En tous cas, nous ne
saurions rien dire ni rien faire sans les consulter,
dussions-nous n'être que la monnaie de ces car-
tomanciens exceptionnels

Doit-on croire aux cartes? Question délicate
qui nécessiterait une longue réponse et a laquelle
nous ne répondrons pas, par l'excellente raison
qu'il est difficile de dire oui aux incrédules, et
non aux superstitieux. Rappelons-nous ce couplet
de vaudeville chanté par un personnage représentant un tireur de cartes qui dit la bonne aventure à un troupier amoureux :

> Vous me parlez d'une Julie,
> *Monsieur, vous êtes amoureux.* .
> En vous voyant sous l habit militaire,
> J'ai deviné que vous étiez soldat

Quand vous vous tirerez les cartes vous-même,
il ne vous sera pas difficile d'être devin de la
même manière.

Mais le plus grand nombre des personnes qui
aujourd'hui consultent les cartes en ont fait un
divertissement, une récréation innocente. Certes,
nous n'affirmerions pas qu'elles n'ont pas une
secrète envie d'y croire, et qu'en se tirant les cartes, elles n'espèrent pas y trouver une réponse
satisfaisante, mais nous sommes persuadé qu'elles

n'y attachent pas l'importance que Napoléon I$^{er}$ attachait aux prédictions de mademoiselle Lenormand.

Et ceci nous amène à parler de cette grande devineresse, dont on a beaucoup parlé sans la connaître et qui a élevé la cartomancie à la hauteur d'un art.

Quand éclata la Révolution de 1789, Etteila, le grand cartomancien, le rival en son genre de Cagliostro et de Mesmer, était à l'apogée de sa gloire et de sa fortune. Il avait traduit le fameux livre de Thot qui, comme nous l'avons vu, nous vient d'Égypte, et donné au monde une explication lucide et complète du sens mystérieux de ce monument de la science divinatoire. Mais les hommes d'alors ne demandaient déjà plus aux cartes le secret de leurs destinées futures. La tourmente révolutionnaire emporta l'homme et son livre, Etteila et ses cartes égyptiennes.

L'orage s'apaisa. Le vent de la réaction souffla sur la société du Directoire, et, la cartomancie reprenant sa vogue, une femme parut qui put facilement, dans ce monde de muscadins et de merveilleuses, mettre à la mode l'art de tirer les cartes.

Cette femme était mademoiselle Lenormand, née en 1768, année féconde qui donna aux armées Napoléon, à la science Cuvier, au roman et à la poésie Walter Scott et Chateaubriand.

Orpheline dès l'enfance, elle quitta Alençon, sa patrie, pour venir à Paris étudier les sciences divinatoires qui flattaient son esprit inventif et son imagination mise en éveil par la lecture des livres d'Etteila. A vingt-un ans, elle ouvre son cabinet de pythonisse, et, peu de jours après, elle y reçoit Hoche et Lefèvre qui viennent la consulter sur leur destinée. Puis ce sont : Camille Desmoulins, Danton, Robespierre, Saint-Just, toutes les notabilités de la première république Au 9 thermidor, elle est arrêtée et emprisonnée au Luxembourg où, dit-on, elle prédit les événements futurs avec une précision qui ne contribua pas peu à lui faire plus tard une réputation de devineresse infaillible. Dès qu'elle fut libre, sa rentrée dans son cabinet fut un véritable triomphe.

La société changeait. Ce n'était plus la Terreur. Aussi toutes les célébrités politiques affluèrent chez elle. Barras, Tallien et sa femme, Josephine de Beauharnais, toute la jeunesse dorée de l'époque, même les conspirateurs royalistes, vinrent lui demander des conseils sur leur avenir, car c'était là le secret de mademoiselle Lenormand. Elle confessait d'abord le patient et, quand elle le connaissait bien, elle parlait et donnait alors une vraie consultation. Le médecin de l'âme n'eût pas mieux dit que ses cartes à qui elle ne faisait dire absolument que ce qu'il fallait. La devineresse posait la question à l'avenir et le client lui-même, sans s'en douter, avait préparé la réponse.

Mademoiselle Lenormand avait inspire une si grande confiance à Joséphine, que celle-ci, quand elle fut impératrice, sut faire partager cette

confiance à Napoléon. On assure, et cela ne nous
étonne guère, que la tireuse de cartes a prédit la
plupart des grands événements qui ont marqué
la vie de l'empereur, principalement la fin de sa
gloire et sa chute.

En 1814 et en 1815, lors des deux invasions,
les souverains allies, les géneraux étrangers affluèrent chez « la Lenormand ». Louis XVIII,
lui-même, dont rien ne pouvait ébranler le scep-
ticisme, la fit mander plusieurs fois aux Tuileries,
mais ce n'était pas pour la consulter : il préférait
se faire répéter, par la sorcière de la cour et de la
ville, les secrets de ses visiteurs.

On affirme encore que mademoiselle Lenormand a prédit la révolution de 1830 et l'avènement au trône de Louis-Philippe. Ce qui pourrait
le faire croire, c'est que sa vogue a survécu à ces
événements et que son cabinet de la rue de Tournon reçut, jusqu'à sa mort, tout ce que Paris ren-
fermait de croyants et d'incrédules.

Cette femme peut être prise comme le type de
la vraie cartomancienne. Il n'y a plus là ni
chantage ni charlatanisme. On ne trouve en elle
qu'une grande réserve, une scrupuleuse delica-
tesse, des ménagements adroits pour mettre le consultant en garde contre les indications des cartes
qui pourraient trop l'alarmer ou peut-être aussi
trop le réjouir. C'est de l'esprit, c'est un grand tact
de la part de cette femme d'avoir su deviner, d'a
près le caractère et la position de ses clients, ce
que ses cartes pouvaient dire ou bien devaient taire.

Aussi nous la donnons comme modèle a tous ceux qui tirent les cartes par profession, et même a ceux qui ne le font que par amitié, plaisir, désœuvrement.

Du reste, les successeurs de cette femme celebre sont comme les successeurs d'Alexandre. Ils ont partagé l'empire et n'ont pas su régner. En revanche, ils ont creé le charlatanisme, et leur renommée n'a guère dépasse la place publique.

Nous citerons, parmi les plus célèbres, madame Clement, la femme au corbeau sanglant, mademoiselle Lehèvre et Julia Orsini, enfin le fameux Edmond, si connu sur les hauteurs du quartier Breda, que l'aristocratie du faubourg Saint-Germain daigna, par curiosité, aller lui faire de nombreuses visites.

Puis vient le menu fretin des sorciers saltimbanques, en plein vent ou dans des voitures, quelquefois chez les marchands de vins. Ceux-là sont les vrais tireurs de cartes. Ils ne disent rien que ce que la carte tirée annonce. Seulement, c'est toujours le même boniment. Il ne varie que suivant le consultant, mais il y a inévitablement — un héritage.

Ah! nous sommes bien loin de mademoiselle Lenormand, qui faisait servir, sinon sa science, du moins son prestige à remettre dans leur voie des esprits ou des cœurs égarés, qui, loin de surexciter les passions, atténuait parfois la signification bienveillante des cartes, afin de détourner le consultant des ambitions ou des amours trop

1.

dangereuses pour son honneur ou sa raison !

Et cependant, malgré sa prudence et son tact, mademoiselle Lenormand a échoué quelquefois. Nous n'en voulons pour preuves que les deux anecdotes suivantes, qui nous serviront et d'exemples et d'éléments pour notre étude de l'art de tirer les cartes.

Une jeune fille de haute noblesse, orpheline à vingt ans, à peu près sans fortune, — nous la nommerons simplement Valentine, — a pour tuteur un notaire jeune encore, très riche et qui adore sa pupille. Valentine ne l'aime pas, tout en l'estimant beaucoup. Une fille noble ne doit pas déroger en s'alliant avec un roturier, or le notaire ne peut mettre, à côté de ses millions, qu'un nom bourgeois des plus communs.

La jeune fille, un peu trop romanesque, n'en est pourtant pas moins inquiète sur son avenir. Elle a déjà vingt ans, et pas un mari ne se présente dans les salons de son tuteur, peu disposé du reste à recevoir des prétendants.

Les bergeries ont toujours eu le don d'attirer les loups. Un loup, qui rôdait par là, s'introduisit dans la bergerie, en dépit du chien de garde.

Mais ce loup était loin de ressembler à ses congénères. Il était beau, doux, bon, honnête, riche; de plus, jeune et capitaine de hussards. Enfin, il portait un nom noble et la couronne de marquis.

Valentine et le marquis s'aimèrent à première vue. Le notaire, naturellement, mit opposition à cet amour, et pria sa pupille de réfléchir. Celle-ci, obéissante et résignée, attendit encore avant de se décider et, par un de ces caprices qui ne peuvent germer que dans une tête romanesque, elle résolut d'aller secrètement consulter à ce sujet mademoiselle Lenormand, alors très en vogue au faubourg Saint-Germain. Elle ne fit part de son projet à personne, et, un après-midi, la jeune fille, voilée et simplement mise, entrait chez la grande cartomancienne, dans son cabinet de la rue de Tournon.

Mademoiselle Lenormand regarda d'abord la visiteuse assez longuement, pour mettre celle-ci dans un visible embarras. Elle la detailla de la tête aux pieds, lui fit lever son voile, lui prit la main et, après cet examen, avant toute question :

— Vous êtes une grande dame, dit elle, ou plutôt une grande demoiselle. Vous aimez et vous allez vous marier. Que voulez-vous savoir ?

Valentine un peu étonnée, se remit bien vite et répondit :

— Si je ferai bien d'épouser celui que j'aime, ou bien...

— Ou bien, répliqua lentement la devineresse, si vous ferez mieux d'epouser celui qui vous aime et que vous n'aimez pas ..

Il y eut un long silence. Valentine avait peur d'avoir été ainsi devinée, mademoiselle Lenormand sourit et, prenant un jeu de cartes, lui dit :

— Nous allons savoir la réponse.

Ouvrons une parenthèse avant de continuer.

Comme nous ne faisons pas du roman, nous devons à la vérité d'avouer que la cartomancienne savait toujours, sauf de rares exceptions, qui elle recevait et à qui elle parlait. Toute l'histoire de Valentine lui était sommairement connue, le notaire étant venu lui-même la consulter pour ses amours.

Or, elle était très embarrassée. Elle avait prédit au notaire qu'il n'épouserait pas Valentine et, en femme de tact, elle voyait que cette union eût pu être heureuse. Mademoiselle Lenormand rêvait déjà au plaisir de faire mentir sa prédiction première en faisant ce mariage. Mais comment? Elle y réfléchissait tout en égrenant son chapelet banal de cartomancienne, sous les yeux et aux oreilles de sa jeune cliente, et, malgré elle, elle voyait les cartes se tourner contre ses intentions Immuables comme le destin, les cartes disaient : « Ce mariage ne se fera pas. »

Et Valentine souriait heureuse et confiante. Seulement son front se rembrunit. Mademoiselle Lenormand, pâle, agitée, tourmentait le jeu. Une carte revenait toujours qui jetait un voile de crêpe sur l'avenir. Cette carte était le neuf de pique.

— Mademoiselle, dit la cartomancienne, pour être heureuse en ménage et ne pas être veuve... trop tôt, épousez celui de vos deux prétendants que vous verrez le premier en sortant d'ici ou en rentrant chez vous. C'est le seul moyen de conjurer le sort.

La jeune fille se leva toute joyeuse. Justement

son futur préféré l'attendait, et le notaire était parti la veille pour la campagne. Elle était sûre, en obéissant à l'oracle, de ne pas le faire mentir. Mademoiselle Lenormand secoua la tête a cette confidence et, regardant une dernière fois ses cartes, elle murmura : « Neuf de pique ! »

Valentine revint en courant chez elle. Le domestique qui était dans l'antichambre la prévint de la visite du marquis qui l'attendait au salon. Elle monte l'escalier, le cœur débordant de joie, ouvre la porte, et qui voit-elle ?.. le notaire qui lui tend les mains en souriant et lui dit :

— Eh bien ! le marquis est là. C'est entendu. Dans un mois le mariage !

La jeune fille s'évanouit de terreur et de colère ; mais, un mois après, elle épousait le marquis. Et, deux ans plus tard, elle était veuve d'un mari qui se ruinait avec des maîtresses et battait sa femme.

Dans l'intervalle le notaire s'était marié et Valentine dut entrer au couvent.

Mademoiselle Lenormand fut désolée ; elle avait pourtant travaillé pour éviter ce fatal résultat et ne pouvait s'empêcher de dire :

— Neuf de pique ! mauvaise carte, prison ou mort. Mes cartes ne mentent pas.

L'autre anecdote renferme une de ces énigmes terribles qui épouvantent Paris, sans que la police puisse les résoudre. Cela commence par une idylle pour finir par une tragédie.

Il s'appelait Edmond et elle s'appelait Laure. Lui, était officier d'infanterie. Elle, une simple grisette du faubourg Saint-Martin. Tous deux s'aimaient avec cette insouciance de la jeunesse qui fait pardonner bien des liaisons coupables. Mais le jour de la satiété arriva. Laure aimait toujours. Edmond n'aimait plus. Ces amours avaient duré un an, un siècle de constance pour un soldat!...

La jeune femme furieuse résolut de se venger, mais, ne voulant pas de mal à l'infidèle, elle était embarrassée sur ses moyens de vengeance. Une de ses amies lui conseilla de consulter une tireuse de cartes, afin de savoir ce que faisait Edmond, où il allait, qui il aimait et s'il y avait encore espoir de le ramener à son premier amour. Dans ce dernier cas, tout projet de vengeance serait abandonné ; dans le cas contraire, on aviserait.

Les deux jeunes filles se cotisèrent pour payer la consultation. Ce fut mademoiselle Lenormand qu'elles choisirent et qui les reçut, du reste, avec sa grâce habituelle. La devineresse aimait beaucoup ces romans d'amour. Celui-ci lui plut par sa naïveté. Rien n'était plus simple en vérité. Un officier a une maîtresse. Il l'abandonne. Et puis?... L'amour est mort, vive l'amour, c'est le refrain de ces liaisons éphémères que Cupidon n'abandonne pourtant qu'après avoir vidé son carquois.

La cartomancienne tira d'abord les cartes par pure convenance, puis, peu à peu, elle se laissa aller à la singularité des prédictions qu'elle lisait. Les cartes furent battues et rebattues, coupées et recoupées, et toujours une carte fatale suivait de près le valet de carreau représentant l'officier.

— Mort violente, murmurait mademoiselle Lenormand ; puis elle ajouta en riant : Voudriez vous l'assassiner, par hasard ?

— Oh ! non, répliqua Laure, mais j'aimerais mieux le voir mort que dans les bras d'une autre femme !

— Ne dites pas cela, malheureuse. Votre amant mourra assassiné.

— Oh ! madame. Et que puis-je faire pour le sauver ?

— Bien, ma petite, c'est le cri du cœur. Rentrez chez vous, mettez-vous au lit et, sous aucun prétexte, ne sortez avant huit jours. Si d'ici là les cartes ont menti, tant mieux ; sinon, vous ne serez pas inquiétée !...

Laure rentra à moitié folle. Elle se coucha avec la fièvre et le délire. Sa compagne s'assit à son chevet, et, comme elle connaissait la défense qui était faite à Laure de sortir, elle se constitua son geôlier.

Mademoiselle Lenormand de son côté était très inquiète : elle avait refait les cartes pour sa satisfaction personnelle, et la même prédiction s'était représentée. La cartomancienne alla trouver le préfet de police qu'elle connaissait beaucoup et lui raconta l'histoire. Le préfet en rit et ne voulut rien entendre. Il calma les scrupules exagérés de la cartomancienne, et celle-ci, un peu rassurée, rentra dans son cabinet de la rue de Tournon où l'attendaient de nouvelles aventures.

Deux jours après, il n'était bruit dans tout Paris que de l'assassinat d'un officier. A cette époque de conspirations et de carbonari, il arrivait souvent que des officiers royalistes fussent trouvés morts, tués d'un coup d'épée ou de poignard, au coin de quelque carrefour désert; mais là, ce n'était pas le cas Edmond, car c'était lui, avait été retrouvé dans son lit, le cœur percé d'un coup de sabre, de son sabre même, qu'après des fouilles, on retrouva tout sanglant, dans le haut d'une armoire.

Le préfet de police se chargea lui-même de l'enquête et, profitant des confidences de mademoiselle Lenormand, crut faire preuve d'une grande sagacité en faisant arrêter la pauvre Laure qui n'avait pas bougé de son lit.

L'enquête n'apprit rien, sinon la complète innocence de la jeune fille, et jamais on ne put mettre la main sur l'auteur de ce crime mystérieux.

Mademoiselle Lenormand seule en sonda le mystère, mais elle garda bien le secret, même à Laure, qui eut depuis une confiance aveugle dans la cartomancienne et fut plutôt sa servante que sa cliente.

La mort de l'officier était due à une vengeance de mari outragé, mais le coupable appartenait à un monde trop élevé pour que la police pût y faire impunément des recherches. L'affaire en resta là, comme tant d'autres !...

Donc, avant de prendre un jeu de cartes pour y lire l'avenir, il est bon de bien se pénétrer du rôle que la reine des cartomanciennes a joué, que ce soit pour votre compte ou celui des autres.

Dans tous les cas, comme, avant tout, l'art de tirer les cartes doit être un plaisir, il faut tâcher de forcer l'oracle à ne nous donner que de douces illusions. Il est si facile, quand on se tire les cartes, de les forcer à ne pas mentir à ses rêves ou à ses espérances !

Et enfin, si on ne veut pas accepter l'horoscope, au lieu de chercher des déceptions, on trouvera un amusement qui a son charme, comme ce livre va vous le prouver tout à l'heure.

Élèves, a l'étude ! Crédules ou sceptiques, apprêtez-vous ! Le temple est ouvert

# CHAPITRE II

## DE LA DIVINATION PAR LES CARTES
### (M^{lle} LENORMAND)

*Valeur des cartes.* — Pour lire dans un jeu de cartes, il faut connaître la valeur de chacune d'elles. Nous allons commencer par épeler avant d'apprendre à lire et débuter par ce que nous appellerons l'alphabet de la cartomancie.

Il y a un siècle, avant qu'Etteila ait paru, il se trouvait de vieilles sorcières qui, avec un jeu de 32 cartes, se faisaient fortes de prédire l'avenir. Voici comment elles opéraient :

Elles mêlaient et faisaient couper, puis le consultant tirait les cartes une par une. Le pique annonçait le chagrin ; le cœur, la joie ; le carreau, des présents ; le trèfle, de l'argent.

Ces sorcières-là, qu'on les envoyât à Bicêtre ou à la Salpêtrière, n'en étaient encore qu'à l'alphabet. Chaque carte, en effet, a sa valeur individuelle ; mais, isolée, elle ne signifie rien. Ce n'est que dans l'ensemble des cartes réunies qu'on peut lire son bonheur ou son malheur.

Voilà pourquoi nous allons examiner successivement ce que vaut la carte tirée, sa signification, sa couleur, la place qu'elle occupe, et nous arriverons ensuite à lire couramment dans le grand livre de la divination.

L'as doit être considéré comme la plus forte carte ; après lui viennent, dans leur ordre, le roi, la reine, le valet, le dix, le neuf, le huit et le sept. Les six, cinq, quatre, trois et deux viennent ensuite, quand on emploie le jeu de cinquante-deux cartes, complication que nous étudierons en son lieu et place.

Comme couleurs, les trèfles marchent les premiers. Ils sont toujours bons et heureux, quels que soient leur nombre et la place qu'ils occupent.

Puis viennent les cœurs, qui annoncent en general la joie, la douceur, la libéralité.

Les carreaux se placent après. Ils signifient retard, querelles ou contrariétés.

Le dernier rang est aux piques, qui présagent tristesse, maladie, mort, prison, perte d'argent.

Ceci soit dit en général pour chacune de ces couleurs quand elles sont en majorité dans les cartes tirées, car autrement le mal qu'annonce un pique, par exemple, peut être paralysé par la signification des cartes entre lesquelles il se trouve. De même que le bien annoncé par deux trèfles peut être modifié par ses voisines.

Voici la signification de chacune des cartes de différentes couleurs :

## TRÈFLES.

**As :** Joie, argent, bonnes nouvelles, heureuses espérances. Signe incontestable de succès. Pour une dame, cadeau très gracieux ; pour un homme, réussite dans ses projets.

S'il est retourné, la joie sera de courte durée.

**Roi :** Homme loyal, aimant à rendre service, ami fidèle, d'un très bon augure, annonce de brillants résultats ; à la jeune fille, prédit un bon mari ; au soldat, un grand courage.

Renversé, les projets sont contrariés.

**Dame :** Femme honnête, aimante, vive, très-susceptible, dévouée, obligeante et discrète. Aux femmes mariées, elle prédit de grands succès dans le monde ; aux jeunes gens, un mariage.

Renversée, c'est une femme jalouse et impie.

**Valet :** Jeune homme entreprenant et adroit, fidèle, discret, vertueux, ennemi de la calomnie.

Renversé, c'est un flatteur peu dangereux.

**Dix :** Fortune, succès, grandeur, beaucoup d'argent.

Retourné, petite réussite.

*Nota.* Ici nous ferons remarquer que chaque carte numérale, quelle qu'en soit la couleur, doit être marquée d'un point qui puisse faire reconnaître quand elle est droite ou renversée. Si le jeu de cartes est à deux têtes, on en fait autant pour les figures, mais, en général, il ne faut pas employer ce jeu de cartes.

NEUF : Argent ou succession.

Retourné, petit présent.

HUIT : Argent gagné, présage de fortune, faveurs de celle qu'on aime. Joie en amour

Retourné, déception d'amour.

SEPT : Petite somme trouvée. Services rendus par une jeune fille qu'on courtise.

Retourné, déception en argent comme en amour.

## CŒURS.

As : Lettre d'amour, nouvelle agréable. Le plus souvent, il représente la maison.

Renversé, visite d'ami.

ROI : Homme blond, franc et libéral, ami de tout cœur.

Retourné, il devient un obstacle à d'honnêtes projets

DAME : Femme douce et aimante, amie affectionnée, d'un très heureux présage.

Retournée, espoir déçu.

VALET : Joyeux garçon, ami sincère et bienfaisant.

Retourné, c'est un mécontent.

DIX : Joie, triomphe.

Renversé, légère inquiétude.

NEUF : Satisfaction, réussite.

Renversé, petit chagrin.

HUIT : Réussite en amour, joie et réjouissance.

Renversé, indifférence de celle qu'on aime.

SEPT : Douces pensées, paix du cœur.

Renversé, ennui.


### CARREAUX.

As : Lettre prochaine, billet de banque, contrat.

Renversé, la lettre apportera une mauvaise nouvelle.

Roi : Militaire, homme dangereux et méchant, étranger, insolent, hautain, vindicatif, volage en amour, rampant et flatteur auprès de ceux qu'il craint.

Retourné, danger prochain.

DAME : Femme médisante , de mauvaises

mœurs, ‹ 'rangère, d'un naturel jaloux, intéres-
see, acariâtre, flatteuse et basse; dans tous les cas,
intrigante.

Retournée, elle devient redoutable par ses propos.

Valet : Serviteur peu fidèle, militaire de mauvaise conduite, étranger, turbulent, ambitieux,
intéresse, flatteur et rampant.

Retourné, il apporte de mauvaises nouvelles.

Dix : Voyage, changement de demeure.

Renversé, ce voyage ne sera pas heureux.

Neuf : Contrariété, retards.

Renversé, brouilles d'amour ou de famille.

Huit : Démarches amoureuses, petit voyage.

Renversé, pas de succès dans ces démarches.

Sept : Satires, moqueries, peines d'amour.

Renversé, cancans de femmes et d'étrangers.

## PIQUES

As : Plaisir, succès d'amour, persévérance,
constance, possession, bonheur en mariage, fortune brillante, avenir assuré, avancement rapide.

Retourné, tristesse, mauvaises nouvelles.

Roi : Homme de mauvaise foi, faux ami, mauvais parent, mari brutal et avare, amant ou rival, perte d'argent, procès, voyages infructueux, enfin tribulations et contrariétés de toutes sortes.

Retourné, ses efforts pour vous nuire seront impuissants.

DAME : Veuve médisante, fausse amie, parente jalouse, orgueilleuse et hautaine, haineuse, méprisée et délaissée de tous.

Retournée, elle est encore plus redoutable en ce qu'elle réussit à vous nuire.

VALET : Jeune homme brun, de mauvaises mœurs, méchant, avare, hautain, méfiant, bavard, jaloux.

Retourné, c'est un traître.

DIX : Pleurs et chagrins, peines de cœur, tristesse, deuil, espérances déçues.

Renversé, la peine est de courte durée.

NEUF : Présage de mort, c'est la plus mauvaise carte du jeu.

Renversé, prison ou perte d'un parent.

HUIT : Maladie, affliction, larmes, contrariétés.

Renversé, mariage manqué.

SEPT : Peines passagères, maîtresse infidèle.

Renversé, intrigue sans importance.

*Nota.* Les figures rouges représentent des personnes blondes, et les figures noires, des personnes brunes.

Au jeu de 32 cartes, on peut ajouter les deux, ce qui porte le nombre du jeu à 36. C'était le système de mademoiselle Lenormand. Alors on aurait comme signification de ces nouvelles cartes :

Le *deux de trèfle*, un confident dévoué; le *deux de cœur*, la personne pour qui on tire ; le *deux de carreau*, un confident peu sûr; le *deux de pique*, confident dont il faut se defier. Ces cartes, dont on peut se passer, représentent celui qui se tire les cartes et sa famille ou ses amis.

Et, maintenant que nous avons l'alphabet des cartes, ajustons-en les lettres, faisons-en des syllabes, de ces syllabes faisons des mots, de ces mots des phrases. Alors seulement nous commencerons à lire.

Mais, avant de lire sans comprendre la portee de la phrase, nous devons soumettre l'esprit, l'intelligence, la mémoire de chacun a une petite torture. Comme dans la sténographie, il faut savoir deviner, se souvenir, et, si les souvenirs font défaut, si le sens de la divination nous manque, inventer une phrase qui reste dans le ton et se rapproche du texte.

Ceci dit, commençons par la

### VALEUR RELATIVE DES CARTES.

Quand des cartes de même valeur se trouvent l'une a côté de l'autre, elles forment un sens en dehors de leur valeur propre. Ainsi :

QUATRE AS : Annoncent une mauvaise nouvelle, de mauvaises affaires et même un emprisonnement, 'quand ils sortent de suite. Le danger est moindre si les as sont renversés, mais il n'en est pas moins certain.

TROIS AS : C'est tout le contraire. S'ils sont renverses, ils annoncent des intrigues.

DEUX AS : Complot contre vous. Renversés, le complot ne réussira pas.

QUATRE ROIS : Grande réussite Renversés, ils annoncent une réussite moins grande, mais prochaine.

TROIS ROIS : Consultation pour affaire importante ou héritage. Réussite. Si les rois sont renversés, le succès est douteux.

DEUX ROIS : Projets entre hommes de même valeur et même fortune.

Renversés, les projets ne seront pas exécutés.

QUATRE DAMES : Plaisirs, réunions, bals, festins. Renversées, les réunions sont mêlées et de mauvaise compagnie.

TROIS DAMES : Cancans, médisances. Renversées, ruses et calomnies.

DEUX DAMES : Réunion joyeuse de deux amies. Renversées, réunion qui aura un caractère de tristesse et de peines.

QUATRE VALETS : Reunion joyeuse de jeunes gens. Renversés, pauvreté.

TROIS VALETS : Cancans, mauvais propos, faux amis. Renversés, querelles, disputes, mauvaise compagnie.

DEUX VALETS : Projets coupables. Renversés, danger.

QUATRE DIX : Grande réussite dans ce qu'on désire. Renversés, la réussite sera moins grande, bien qu'assurée.

TROIS DIX : Mauvaise conduite. Renversés, insuccès.

DEUX DIX : Changement de profession. Renversés, le changement n'aura pas lieu de suite.

QUATRE NEUF : Grande surprise. Renversés, reunion de bons amis.

TROIS NEUF : Joie, fortune, santé. Renversés, fortune compromise par imprudence.

DEUX NEUF : Petite réussite. Renversés, perte au jeu.

QUATRE HUIT : Voyage de peu de durée. Renversés, retour d'un ami ou d'un parent en voyage.

TROIS HUIT : Projets de mariage. Renversés, bonnes fortunes.

DEUX HUIT : Petite affaire de cœur, amours de peu de durée.

Renversés, petits plaisirs suivis de petits chagrins.

QUATRE SEPT : Basses intrigues, pièges, menaces, contestation avec des gens de mauvaise vie Renversés, ils annoncent que ces tentatives coupables ne réussiront pas.

TROIS SEPT : Grossesse, maladie, vieillesse prématurée. Renversés, maladie de peu de durée.

DEUX SEPT : Amourette. Retournes, folle joie.

Or, si nous reprenons le sens particulier de chaque carte, nous verrons ce qu'elle signifiera accolée à des cartes de pareille valeur.

Ainsi prenons le *roi de trèfle*, homme loyal et aimant à rendre service. Suivi de deux as, il vous dira lui-même qu'on complote contre lui ; avant deux dames, il devra aller à un joyeux rendez-vous ; avant deux valets, il verra sa loyauté compromise par des projets coupables ; avec deux dix il changera de profession, etc...

Faites-le suivre d'une seule dame, c'est un mariage heureux ou malheureux ; si la dame est suivie elle-même d'un valet, c'est amour coupable, adultère.

Si le roi est entre deux cartes similaires, cela signifie toujours emprisonnement. Le pronostic est infaillible.

Prenons toute autre carte, le dix de carreau, par exemple, qui signifie voyage ou changement de demeure. S'il est suivi de trois sept, cela impliquera une maladie pendant ce voyage. Si c'est une jeune fille qui consulte, elle fera un voyage pour cause de grossesse. Faites suivre ces trois sept du roi de trèfle, c'est un homme loyal qui réparera les suites de sa faute. Si la dame de pique survient, c'est une femme mariée, une rivale jalouse qui empêchera l'homme loyal de s'exécuter.

Ces exemples suffiront, je l'espère, pour faire comprendre la manière de composer une phrase, ou plutôt un lambeau de phrase.

Encore une fois, il s'agit de suppléer au sens de

la phrase dans le cas où elle serait embrouillée. Les déductions viennent d'elles-mêmes. C'était là le secret de mademoiselle Lenormand qui nous a transmis cette manière de lire dans les cartes.

Pour compléter sa méthode, elle nous donne un tableau composé de trente-six cases numérotées. Ce tableau est placé sur la table où l'on étale les cartes. Chaque carte, au fur et à mesure qu'elle est tirée, est placée sur la case de son numéro d'ordre :

Voir à la page suivante ce tableau rectangulaire :

Supposons que nous soyons le deux de trèfle, car il faut toujours se désigner par une carte quelconque. Les deux sont réservés à cet effet.

Les cartes sont battues, réunies dans la main gauche, on prend de la droite la première carte du jeu et on la pose sur la table au n° 1 du tableau, la seconde est mise à la deuxième case ; ainsi de suite, jusqu'à la trente-sixième.

Alors vous regardez où est placé le deux de trèfle et quelles sont les cartes qui l'environnent.

Le deux de trèfle est au n° 20. Les n°s 11, 19, 21 et 29 sont seuls autour de lui. Au n° 11 est l'as de cœur (ma maison); au n° 19, l'as de pique (trahison); au n° 21, le roi de carreau (rival) et au n° 29, le dix de trèfle (argent).

Lisez : ma maîtresse me trahit (n° 20) dans ma maison, ce qui me cause de la peine (n° 11), avec un étranger (n° 21), pour de l'argent (n° 29).

2.

| 1 Projet. | 2 Satisfaction | 3 Réussite. | 4 Espérance | 5 Hasard | 6 Désir | 7 Injustice | 8 Ingratitude | 9 Association |
|---|---|---|---|---|---|---|---|---|
| 10 Perte | 11 Peine | 12 État | 13 Joie | 14 Amour | 15 Prospérité | 16 Mariage | 17 Affection | 18 Jouissance |
| 19 Héritage | 20 Trahison | 21 Rival. | 22 Présent | 23 Amant | 24 Élévation | 25 Bienfait | 26 Entreprise | 27 Changement |
| 28 Fin. | 29 Récompense | 30 Disgrâce. | 31 Bonheur | 32 Fortune. | 33 Indifférence | 34 Faveur | 35 Ambition | 36 Indisposition |

Chaque case doit être assez grande pour recevoir une carte.

Un autre exemple :

Le deux de trèfle est au n° 14. Le valet de carreau au n° 5 ; le sept de carreau, au n° 13 ; le dix de pique, au n° 15 ; l'as de cœur, au n° 23.

Lisez couramment : Ma maîtresse m'aime, mais un serviteur infidèle ou un militaire de mauvaise conduite vient troubler ma joie. Je pleure ma prospérité en voyant un amant entrer dans la maison.

Autre gamme moins sombre :

Nous tirons pour le deux de trèfle la case 15, prospérité ; autour sont les cases 6, 14, 16, 24. Le sept de pique, le huit de cœur, le dix de cœur et le roi de trèfle correspondent à ces cases, et nous avons cette phrase bien claire :

« Je suis heureux ou du moins je peux l'être. Une jeune blonde m'a donné son amour ou bien j'ai donné mon amour à une jeune blonde. J'aurai pleine réussite pour mon mariage avec elle et j'en aurai de l'élévation, grâce à un homme loyal qui me protégera. »

Nous recommandons spécialement cette méthode, très simple et très amusante, qui peut même servir avec le grand jeu d'Etteila et celui de Moreau, lesquels donnent aux cartes une toute autre signification.

Nous allons les énumérer brièvement.

## Méthode d'Etteila.

**LFS ROIS :** De carreau, amitié, mariage ; renversé, difficultés. De cœur, homme obligeant ; renversé, le contraire. De pique, homme d'affaires ; renversé, perte de procès. De trèfle, protecteur ; renversé, mauvaise chance.

**LES DAMES :** De carreau, médisance ; renversée, convoitise. De cœur, femme honnête et dévouée ; renversée, empêchement de mariage. De pique, veuve, rivale jalouse ; renversée, trahison. De trèfle, femme brune, bonne suivant la place qu'elle occupe ; renversée, désir, jalousie.

**LES VALETS :** De carreau, porteur de nouvelles, facteur ; renversé, mauvaises nouvelles. De cœur, jeune militaire ; renversé, on se liera avec lui. De pique, mauvais sujet ; renversé, très dangereux. De trèfle, jeune homme à marier ; renversé, opposition des parents au mariage.

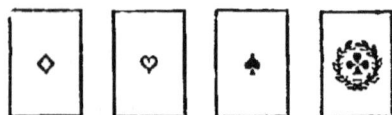

**LES AS** · De carreau, lettre; renversé, triste nouvelle De cœur, joie dans la maison; renversé, peines. De pique, amour, passion; renversé, trahison. De trèfle, argent. fortune, héritage; renversé, insuccès.

**LES DIX** : De carreau, voyage De cœur, joie De pique, ennui et pleurs. De trèfle, prospérité.

**LES NEUF** : De carreau, retard De cœur, concorde De pique, manque dans les affaires De trèfle, argent.

**LES HUIT** : De carreau, un jeune homme qui fait des démarches pour vous De cœur, réussite en amour et en affaires. De pique, chagrins. De trèfle, démarches pour affaires d'argent.

LES SEPT : De carreau, bonnes nouvelles. De cœur, mariage prochain. De pique, querelles et tourments. De trèfle, faiblesse d'amour.

Deux cartes côte à côte ont une signification particulière, ainsi :

AS ET DIX DE CŒUR : Surprise dans la maison.

SEPT DE CŒUR ET DE TRÈFLE : Nouvelles d'argent.

DIX DE TRÈFLE ET NEUF DE PIQUE : Manque d'argent.

AS DE CŒUR ET VALET DE CARREAU : On vous attend.

AS DE PIQUE ET SEPT DE PIQUE : Procès.

VALET DE PIQUE ET AS DE PIQUE : Second mariage, etc.

En reprenant chaque carte, on peut refaire cette signification. Le huit de carreau et le huit de cœur vous indiquent qu'on fait des démarches pour votre mariage et qu'il réussira. Si le huit de cœur précède le huit de carreau, on en déduit que vous reussiriez en amour ou en affaires, si un autre jeune homme ne faisait pas les mêmes démarches pour son compte.

Pour les cartes de même valeur, Etteila nous donne :

En regardant le côté qui se trouve à main droite

| 4 Rois | Grands honneurs | 4 Dix | Repris de justice. |
|--------|-----------------|-------|--------------------|
| 3 — | Consultation | 3 — | Nouvel état |
| 2 — | Petit conseil | 2 — | Changement. |
| | — | | — |
| 4 Dames. | Grands pourparlers | 4 Neuf | Bon citoyen |
| 3 — | Tromperie de femmes | 3 — | Grande réussite |
| 2 — | Amies | 2 — | Petit argent |
| | — | | — |
| 4 Valets. | Maladie | 4 Huit | Revers |
| 3 — | Dispute | 3 — | Mariage |
| 2 — | Inquiétude. | 2 — | Nouv connaissance |
| | — | | — |
| 4 As. | Jeu de hasard | 4 Sept | Intrigue |
| 3 — | Petite réussite. | 3 — | Infirmité. |
| 2 — | Duperie. | 2 — | Petite nouvelle |

En regardant le côté qui se trouve à main gauche :

| 4 Rois | Célérité | 4 Dix. | Évènement |
|--------|----------|--------|-----------|
| 3 — | Commerce | 3 — | Manque. |
| 2 — | Projets | 2 — | Attente |
| | — | | — |
| 4 Dames | Mauvaise société. | 4 Neuf | Usure |
| 3 — | Gourmandise. | 3 — | Imprudence. |
| 2 — | Société | 2 — | Profit |
| | — | | — |
| 4 Valets | Privation. | 4 Huit | Erreur |
| 3 — | Paresse. | 3 — | Spectacle |
| 2 — | Ouvrage | 2 — | Traverse |
| | — | | — |
| 4 As. | Déshonneur. | 4 Sept | Mauvais citoyen |
| 3 — | Libertinage. | 3 — | Joie |
| 2 — | L'ennemi | 2 — | Mauvaise fille. |

Il faut remarquer qu'entre toutes ces métho-
des, il y a une grande affinité. Avec un peu d'attention, on arrive à les combiner. Ainsi, la mé-

thode du fameux Moreau n'est qu'un résumé des autres.

Voici les principales significations des cartes, d'après ce dernier :

## LES CARREAUX.

*Roi :* Militaire. — Renversé, homme de campagne.

*Dame :* Femme traîtresse. — Renversée, femme de campagne.

*Valet :* Traître — Renversé, domestique.

*As :* Grande nouvelle. — Renversé, lettre, billet.

*Dix :* Campagne sûre. — Renversé, retard.

*Neuf :* Route. — Renversé, retard.

*Huit :* Démarche. — Renversé, même signification.

*Sept :* Querelles. — Renversé, caquets.

## LES CŒURS.

*Roi :* Homme d'affaires. — Renversé, homme de tout cœur.

*Dame :* Bonne femme. — Renversée, femme de cœur.

*Valet :* Jeune homme à marier. — Renversé, pensée du jeune homme.

*As :* Maison. — Renversé, mauvaise maison.

*Dix :* Bon repas. — Renverse, mauvais repas.

*Neuf :* Victoire, présent. — Renverse, grande victoire.

*Huit :* Fille blonde. — Renversé, grande joie.

*Sept ·* Enfant blond. — Renverse, enfant.

## LES PIQUES.

*Roi ·* Homme de robe. — Renverse, homme méchant.

*Dame :* Femme veuve. — Renversée, femme méchante.

*Valet :* Traître. — Renverse, maladie.

*As :* Procès, grossesse — Renversé, lettre, bagatelle.

*Dix :* Ennui. — Renversé, pleurs.

*Neuf :* Mort. — Renversé, prison.

*Huit :* Chagrin violent. — Renverse, inquiétude.

*Sept :* Fille brune. — Renverse, caquets.

## LES TRÈFLES.

*Roi :* Homme brun, fidélite. — Renverse, maladies.

*Dame :* Femme d'amour. — Renversée, indécision.

*Valet :* Homme fidèle — Renversé, ne pas y compter.

*As :* Argent. — Renverse, amour.

*Dix :* Fortune. — Renversé, amourettes

*Neuf :* Argent. — Renversé, roue de fortune.

*Huit :* Declaration d'amour. — Renverse, jalousie.

*Sept :* Enfant brun. — Renversé, bâtard.

D'après le système, voici quelques exemples de cartes accolees l'une a l'autre :

Dix de carreau avec le sept de pique, retard assure ; avec le huit de cœur, voyage sûr ; avec le huit de trèfle, voyage d'amour.

Mêmes significations pour le neuf de carreau Si c'est le huit, il y a toujours un voyage, mais avec maladie ; si c'est le sept, même signification.

Dame de carreau et sept de carreau, grande querelle.

As de trèfle et dame de trèfle, declaration d'amour.

Roi, dame, valet et as de n'importe quelle couleur, mariage sûr ; si la dame de pique s'y trouve seule de sa couleur, empêchement ; si c'est le valet de carreau, grande trahison ; si ces cartes sont suivies du huit de cœur et du huit de trèfle, grande réussite ; si le huit de pique s'y trouve, grands désagréments

En général, les cœurs signifient affaires de cœur ; les trèfles, argent ; les piques, ennuis ; les carreaux, démarches et retards Combinés, ils se corrigent mutuellement.

Voici plusieurs exemples de ces combinaisons multiples :

L'essentiel est de s'assurer quelle est la carte tirée la première, car, pour trois cartes de même valeur, la position change le résultat de la prédiction

### Trois rois

1. Roi de cœur
2. Roi de carreau      } Biens, honneurs et richesses immenses.
3. Roi de trèfle

| | |
|---|---|
| 1. Roi de cœur<br>2 Roi de carreau<br>3 Roi de pique | Efforts inutiles pour arriver à une riche position. |
| 1 Roi de cœur<br>2 Roi de trèfle<br>3. Roi de carreau | Par son talent seul, on arrivera a la richesse |
| 1. Roi de cœur<br>2. Roi de trèfle<br>3 Roi de pique | Héritages successifs. |
| 1 Roi de cœur<br>2. Roi de pique<br>3. Roi de trèfle | Une mort fera du bien a la personne qui consulte |
| 1. Roi de cœur<br>2. Roi de pique<br>3. Roi de carreau | Trahison. Espérances detruites. |
| 1. Roi de trèfle<br>2. Roi de carreau<br>3. Roi de cœur | Restitution d'un bien qui vous a ete ravi. |
| 1. Roi de trèfle<br>2. Roi de carreau<br>3. Roi de pique | Restitution par vous d'un bien que vous avez detourné. — |
| 1. Roi de trèfle<br>2 Roi de pique<br>3. Roi de cœur | Découverte d'un tresor caché. |
| 1. Roi de trèfle<br>2. Roi de pique<br>3. Roi de carreau | Pertes d'argent et de bien qui dureront peu de temps. |

1. Roi de trèfle
2  Roi de cœur      } Récompenses méritees. Ja-
3. Roi de carreau      lousies de rivaux.

1  Roi de trèfle
2  Roi de cœur      } Amitiés     désinteressees.
3  Roi de pique        Heureux mariage.

En suivant les combinaisons ci-dessus, on arrivera aux déductions suivantes : Si le roi de carreau commence le brelan, les predictions auront
le même sens que celles des brelans commençant
par le roi de cœur; si c'est le roi de pique, mêmes
résultats que pour le roi de trèfle.

Deux exemples suffiront ; ce que, du reste,
nous ferons pour les autres cartes, la prédiction
tournant dans un cercle vicieux, puisque, partie
d'un même point, elle arrive a un même but par
des chemins differents :

1. Roi de carreau      Gain au jeu, bien conside-
2. Roi de cœur           rable (*consultez la pre-*
3. Roi de pique          *mière combinaison avec*
                              *le roi de cœur*).

1. Roi de pique         Grande réussite dans ses
2. Roi de cœur           amities et ses affaires de
3. Roi de trèfle           cœur (*faites-en de même*
                               *pour la dernière combi-*
                               *naison*).

Toutes ces combinaisons sont définies, sans

avoir égard aux places de ces trois cartes, quand elles se touchent. Cette définition est donc indépendante du reste de la prédiction, mais s'y rattache indirectement.

Prenons trois dames : cœur, carreau, trèfle ou pique. Combinons-les de manière que le cœur soit toujours la première couleur et nous aurons : Entreprises heureuses, amitiés sincères. La dame de pique seule peut troubler cette union, et nous retombons dans la première prédiction donnée pour les trois dames, quelle que soit leur couleur.

Quand le brelan commence par trèfle : Attentions, complaisances, honneurs et profits.

Quand il commence par carreau : Estime, affection, confiance dans de faux amis, présomption et orgueil corrigés par un bon cœur.

Quand il commence par pique : Esprit turbulent, négligence dans ses affaires, mortification, amour non partagé, sages conseils non suivis.

## Trois valets.

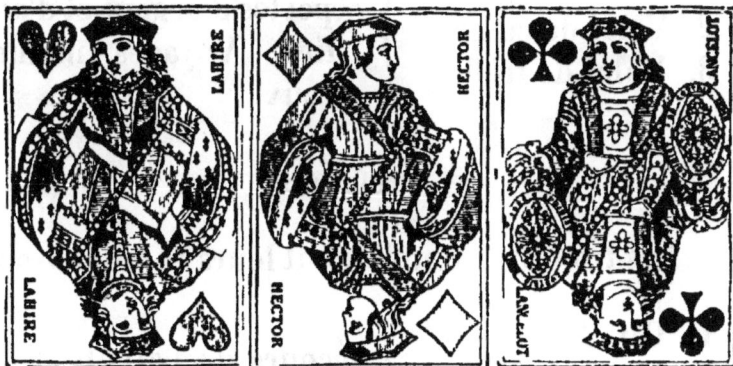

| | |
|---|---|
| 1. Valet de cœur | Réussite dans un procès, |
| 2. Valet de carreau | dans ses entreprises. |
| 3. Valet de trèfle | Puissantes protections. |

Quand le valet de pique est le deuxième, perte du procès ; grands ennemis.

| | |
|---|---|
| 1. Valet de trèfle | Testament, dons conside- |
| 2. Valet de carreau | rables, gains immenses. |
| 3. Valet de cœur | |

Si le valet de pique est au milieu, pertes d'argent.

| | |
|---|---|
| 1. Valet de carreau | Bonne conduite et bon |
| 2. Valet de cœur | menage. Se défier de ses |
| 3. Valet de trèfle | amis. |

Le valet de pique empêche toute réussite.

| | |
|---|---|
| 1. Valet de pique | Friponneries à craindre, |
| 2. Valet de cœur | pertes d'argent et d'ami- |
| 3. Valet de trèfle | ties. Voyages malheu- |
| | reux. |

### Trois dix.

Les trois dix compliquent leurs combinaisons :

| | |
|---|---|
| 1. Dix de cœur | Secours de parents et d'a- |
| 2. Dix de carreau | mis. Gains aux loteries |
| 3. Dix de trèfle | |

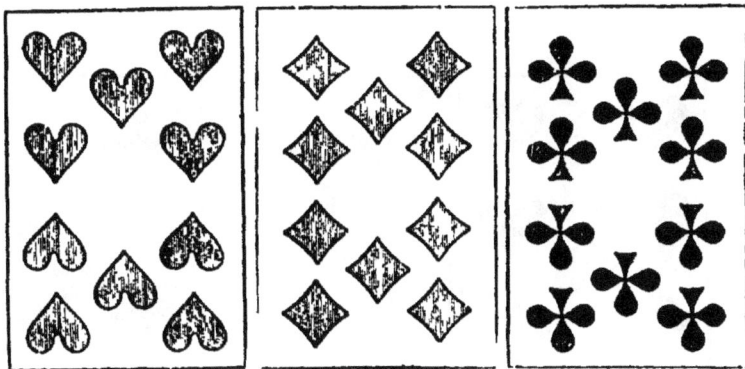

Le dix de pique au milieu invite à se méfier de certains amis.

| | |
|---|---|
| 1. Dix de trèfle | } Haines et jalousies dont |
| 2. Dix de carreau | on triomphera pour son |
| 3. Dix de cœur | bonheur. |

| | |
|---|---|
| 1. Dix de carreau | } Successions. Restitution |
| 2. Dix de cœur | d'un bien perdu. |
| 3. Dix de trèfle | |

Le dix de pique, quelle que soit sa place, au 2 ou au 3, indique des chagrins, des injustices et de mauvaises affaires de famille.

| | |
|---|---|
| 1. Dix de pique | } Grandes affaires. Voyages |
| 2. Dix de cœur | lointains. Entreprises ha- |
| 3. Dix de trèfle | sardeuses. |

En général, trois dix ne sont pas d'un excellent présage, mais ils se corrigent mutuellement.

## Trois neuf.

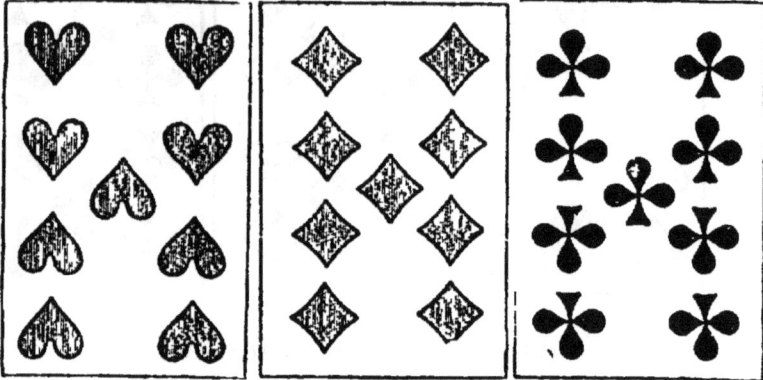

1. Neuf de cœur
2 Neuf de carreau
3. Neuf de trèfle
} Talent . Travail. Fortune acquise en pays étranger. Héritage inattendu. En dépit des jaloux, on prospérera. Craindre les voleurs

1. Neuf de trèfle
2. Neuf de carreau
3. Neuf de cœur
} Toujours en pays étranger. Fortune compromise

Le neuf de pique indique, au 2 ou au 3, prison, vol ou mort.

1. Neuf de carreau
2. Neuf de cœur
3. Neuf de trèfle
} Biens, héritages, successions en pays étrangers.

Le neuf de pique trouble toujours le brelan.

3

| | |
|---|---|
| 1. Neuf de pique | Mort et maladies de parents. Changement d'état. Inconstance en amour. Confiance mal placée. |
| 2. Neuf de cœur | |
| 3. Neuf de trèfle | |

Les trois neuf indiquent toujours la pensée de pays étrangers, où on a des procès, des héritages, des successions.

## Trois huit

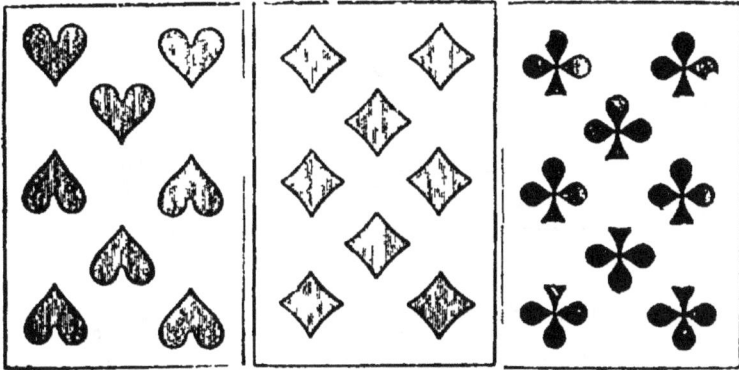

| | |
|---|---|
| 1. Huit de cœur | Longue vie. Prosperités inattendues. |
| 2. Huit de carreau | |
| 3. Huit de trèfle | |

| | |
|---|---|
| 1. Huit de trèfle | Vie troublée par de faux parents et de faux amis, mais, en fin de compte, réussite complete. |
| 2. Huit de carreau | |
| 3. Huit de cœur | |

| | |
|---|---|
| 1. Huit de carreau | Vie heureuse et tranquille. Reussite, bonne santé. |
| 2. Huit de cœur | |
| 3. Huit de trèfle | |

1. Huit de pique      } Longue vie. Craindre les
2. Huit de cœur      }     abus. Maladies par trop de
3. Huit de trèfle     }     plaisirs Cœur et esprit.

### Trois sept.

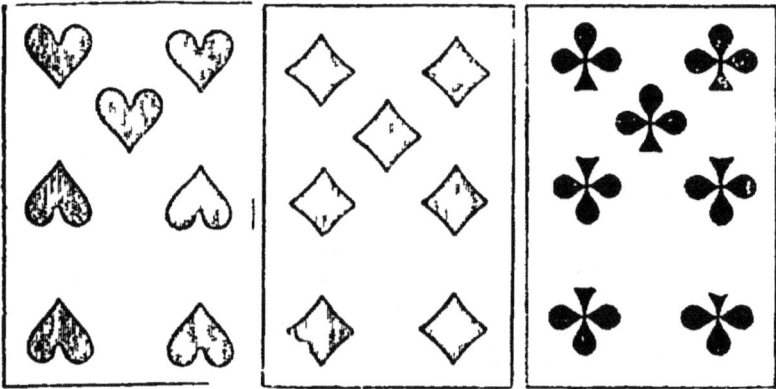

1. Sept de cœur      } Amour et jalousie Petites
2. Sept de carreau   }    maladies Longue vie.
3. Sept de trefle     }

1. Sept de trefle      } Ambition deçue. Affaires
                       }     negligees. Misère. Vicis-
2. Sept de carreau   }    situdes de toutes sortes.
                       }     Craindre les armes a feu.
3. Sept de pique     }     les naufrages et les
                       }     chiens enrages.

1. Sept de carreau   } Peines d'esprit et de cœur.
2. Sept de cœur      }     Grossesse. Tourments
3. Sept de trefle     }

1. Sept de pique
2. Sept de cœur    } Amour partagé. Infidélité.
3. Sept de trèfle      Perte d'argent.


Dans le cas où le consultant se servirait du jeu de 36 cartes indiqué par mademoiselle Lenormand, nous donnons les dames avant les as :

### Trois dames.

1. Dame de cœur
2. Dame de carreau } Assemblée de parents.
3. Dame de trèfle

1. Dame de trèfle
2. Dame de carreau } Séduction. Injustices. Faux amis. Ennemis et jaloux.
3. Dame de cœur

1. Dame de carreau
2. Dame de cœur } Réconciliation avec ses parents ou ses amis.
3 Dame de trèfle

| | | |
|---|---|---|
| 1. Dame de pique | ⎫ | Mortification devant une as- |
| 2  Dame de trefle | ⎬ | semblée de famille. Ban- |
| 3. Dame de carreau | ⎭ | queroute. Insultes. Vols. |

**Trois as.**

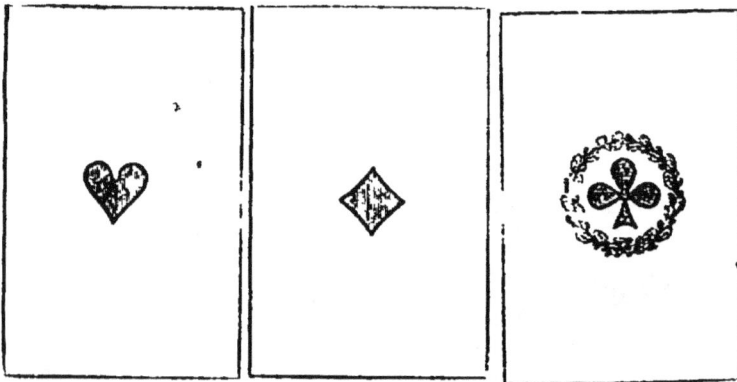

Les trois as sont les plus importants :

| | | |
|---|---|---|
| 1. As de cœur | ⎛ | Estime et confiance d'un |
| 2  As de carreau | ⎬ | haut personnage. Nais- |
| 3  As de trèfle | ⎝ | sance d'un enfant. Pros- |
| | | périté. Amours agréa- |
| | | bles. Vie facile |

| | | |
|---|---|---|
| 1. As de trèfle | ⎫ | Vrais amis. Gains au jeu. |
| 2. As de carreau | ⎬ | Malheur en amour et en |
| 3. As de cœur | ⎭ | amitié. Ingratitude de |
| | | ceux qu'on a obligés. |

| | | |
|---|---|---|
| 1. As de carreau | ⎛ | Héritages. Entreprises |
| 2. As de cœur | ⎬ | fructueuses. Bienfaits, |
| 3  As de trèfle | ⎝ | fortune et honneurs |
| | | Amitiés sincères. Triom- |
| | | phes sur les vrais amis. |

1. As de pique
2. As de cœur
3. As de trèfle

Souhaits accomplis. Satis-
factions de toutes sortes.

Comme on le voit, ces combinaisons varient à
l'infini, et, si on les compare aux premières defini-
tions des cartes isolees, on en comprend le sens
très facilement. Les plus petites choses produisent
les plus grands effets. Quoi d'étonnant que la
moindre carte, en changeant de place, puisse dé-
truire l'effet d'une prédiction, de la même manière que le deplacement d'un mot peut changer
tout le sens d'une phrase ?

C'est une étude a faire. L'habitude aidant, on y
arrivera sans fatigue. Et maintenant, choisissez
votre methode, etudiez vos combinaisons, et,
quand vous serez sûr de vous, passez au chapitre
suivant qui vous apprendra comment on se sert
des cartes pour leur arracher le secret de l'a-
venir.

# CHAPITRE III

## DIVERSES MANIERES DE TIRER LES CARTES

PETIT JEU AVEC LES TRENTE-DEUX CARTES. — C'est la methode française, la plus simple et la plus usitee.

Les cartes mêlées, on les coupe, ou bien on les fait couper par le consultant, en deux tas a peu près égaux. Le consultant choisit un de ces deux tas. La première carte est retirée et mise en reserve. Le reste du paquet est retourné et on en lit l'explication, d'après nos données précedentes.

Supposons que le paquet se compose de quinze cartes, tirées dans cet ordre : As de cœur, neuf de trèfle, roi de cœur, dix de carreau, neuf de cœur, huit de cœur, huit de carreau, sept de trèfle, sept de carreau, sept de cœur, as de carreau, dame de pique, valet de carreau, as de trèfle. La dernière, le huit de trèfle, est mise en reserve.

Lisez couramment, sans lier les cartes une a une, et cherchez un sens dans leur accouplement partiel :

« Dans ma maison, un héritage qu'un homme blond qui revient de voyage m'apporte, sûr de réussir dans son amour. Il y aura bien des moqueries pour ce *petit héritage* (sept de trèfle et sept de carreau), mais une lettre d'une veuve

apportée par le facteur ou un militaire confir-
mera la bonne nouvelle. »

Reprenez les quinze cartes, mêlez-les et distri-
buez-les en trois tas, en mettant encore une
carte de réserve. Le consultant choisit un de ces
tas, dans lequel se trouvent, par exemple :

Le huit et le dix de carreau, le roi de cœur, le
sept de trèfle et l'as de carreau.

« Vos démarches amoureuses aboutiront à un
voyage pour lequel un homme blond vous enverra de l'argent par lettre. »

Dans le second tas, on trouve : sept de carreau,
neuf de trèfle, as de cœur, as de trèfle et valet de
carreau.

« On se moquera de vous pour votre argent,
mais, dans la maison. il y aura une grande joie
apportée par un facteur. »

Le troisième tas n'a plus que la dame de pique
et le sept de cœur : « c'est une veuve qui vous
donnera la paix du cœur. »

Le huit de cœur et le huit de trèfle, cartes de
surprise, confirment les bonnes nouvelles.

Comme on le voit, ce jeu est très simple, très
facile en société. On peut le répéter autant de
fois qu'il y a de personnes. Seulement, il faut
avoir le tact de corriger ce que le langage des
cartes peut avoir de trop dur.

Ainsi, si l'on a le neuf de pique (mort ou prison), on le traduit par désagrément ou ennui. De
même, quand les cartes sont renversées, on les retourne, si la carte est menaçante. Du reste, on

voit a qui on s'adresse. Il ne faudrait pas changer
un plaisir en un tourment, les gens superstitieux
s'attachant au moindre pronostic.

Cette méthode est simple, en ce qu'elle permet
de lire au moyen de nos alphabets, quel que soit
celui employé. Si on se sert des significations
données par Etteila, on peut refaire la phrase
précédente relative aux quinze premières cartes
tirées et alors on aura :

« Joie dans ma maison, pour de l'argent qu'apporte un homme de cœur, de retour d'un voyage,
qui réussit toujours en amour comme en affaires.
Les bonnes nouvelles sont confirmées par une
lettre qu'une veuve vous écrira, et qu'un jeune
homme vous apportera avec l'argent. »

Comparez et vous verrez qu'il y a peu de diffe-
rence.

Mais ceci n'est que le prélude ou plutôt n'est
qu'un jeu. Autre chose est de tirer les cartes. Là
vont se présenter toutes les combinaisons.

### Manière de tirer les cartes par trois.

On commence par désigner la carte qui représentera le consultant. Si c'est un homme brun,
c'est d'habitude le roi de trèfle ; si c'est un jeune
homme brun, le valet de pique ; si c'est un homme
blond, le roi de cœur ; un jeune homme blond,
l'un des deux valets. Pour une femme brune,
c'est la dame de trèfle ; pour une femme blonde, la
dame de cœur.

Nous avons vu que, dans le jeu à trente-six cartes, c'étaient les deux qui représentaient les consultants. Si l'on n'a qu'un jeu à trente-deux cartes, on peut prendre un as dans un autre jeu, l'effacer, et cette carte, appelée Etteila, représentera le consultant.

Là, nous procédons avec un simple jeu de piquet. Et voici comment nous opérons :

Après avoir battu les cartes et fait couper de la main gauche. nous retournons les cartes trois par trois, et, toutes les fois que, dans ces trois cartes, il s'en trouve deux de la même couleur, nous prenons la plus forte. Nous la mettons devant nous. Si les trois cartes sont de la même couleur, on prend également la plus forte. Si elles sont de la même valeur (trois as, trois rois, etc.) on les prend toutes les trois. Chacune des cartes tirées est mise à la suite de l'autre.

On opère ainsi jusqu'à épuisement du jeu et on recommence trois fois, jusqu'à ce qu'on ait un nombre impair dépassant treize, mais n'allant pas au delà de vingt et un.

Chaque carte tirée est lue d'avance, c'est-à-dire qu'en tirant, par exemple, l'as de trèfle, on dit : réussite ; l'as de cœur, dans la maison ; neuf de trèfle, pour de l'argent. C'est une petite avance faite sur le pronostic général.

La carte représentant la personne qui consulte doit toujours sortir. Ce serait mauvais signe si elle ne sortait pas et l'opération serait à recommencer.

Supposons que nous ayons tiré dix-sept cartes,

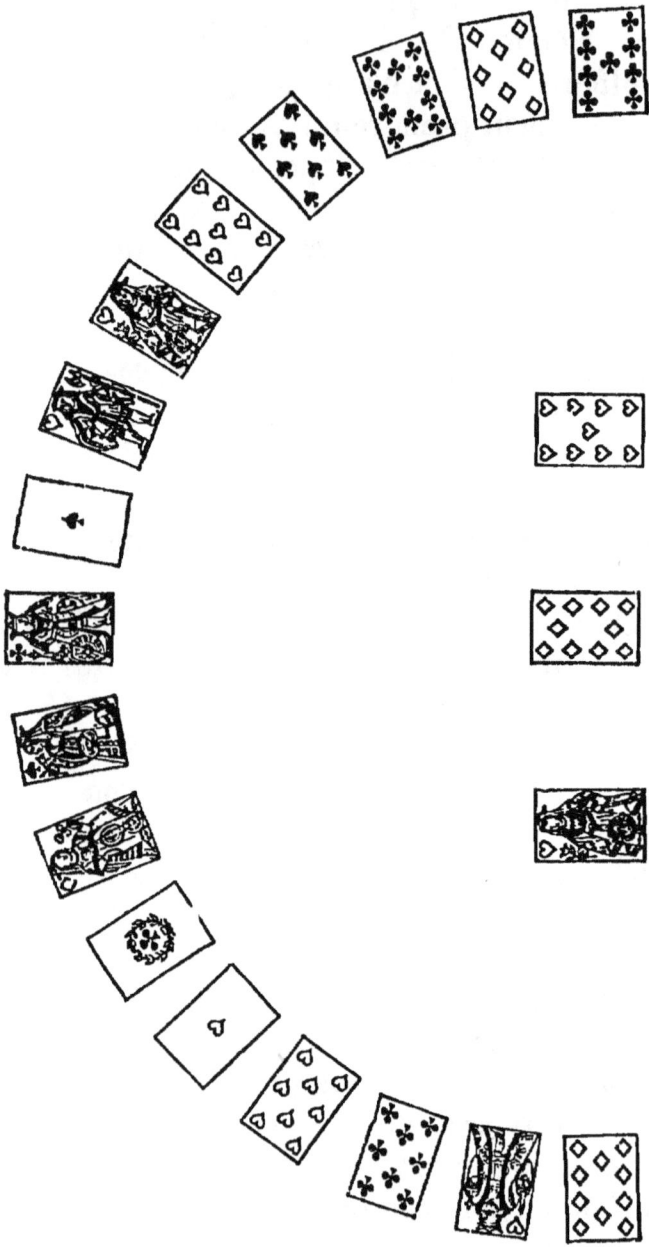

LES DIX-SEPT CARTES AVEC LES TROIS CARTES DE SURPRISE.

ainsi qu'il suit : dix de carreau, roi de cœur, huit de trèfle, huit de cœur, as de cœur, as de trèfle, dame de carreau, dame de pique, valet de cœur, as de pique, roi de trèfle, dame de cœur, neuf de cœur, huit de pique, dix de trèfle, huit de carreau, neuf de trèfle.

Nous les etalons en éventail. A première vue, nous lisons : deux huit, petite affaire de cœur; deux as, complot; deux dames, réunion de deux amies. Il y a donc un amour, un complot et deux femmes en jeu. Voyons la suite :

Il y a trois as : nouvelles favorables ; trois femmes, cancans; trois huit, projets de mariage. La déduction est facile à tirer.

Ceci n'est que pour l'ensemble. On sait d'avance à quoi s'en tenir. Supposons que ce soit la dame de cœur qui consulte et procédons au tirage proprement dit :

Comptons sept cartes de droite à gauche en commençant par la dame de cœur qui consulte ou toute autre carte qui l'intéresse, soit la maison, soit affaires de cœur, soit argent, etc...

Prenons la dame de cœur et comptons 7, ce qui nous mène a l'as de trèfle. Nous disons à la consultante :

« Vous aurez une grande réussite en argent. » De l'as de trèfle, en comptant 7, nous tombons sur le neuf de trèfle, ce qui confirme la première prévision : « argent sur lequel on ne comptait pas. »

Du neuf de trèfle, on va au roi de trèfle : « un homme qui aime à rendre service sera chargé de cette affaire. » L'as de cœur vient ensuite, toujours par 7 cartes, puis le huit de carreau, puis le dix de trèfle et enfin le valet de cœur (ici on s'arrête, car on ne doit faire que trois fois le tour des cartes en les comptant par sept).

On a pour cette dernière période : « Dans la maison, succès en amour, grâce à un joyeux garçon qui aime le plaisir. »

Il s'en suit que la première phrase de l'oracle est celle-ci :

« L'argent et l'amour se réunissent pour vous apporter la fortune et le plaisir. »

Mais ceci n'est que la première partie Relevons les cartes, battons-les, faisons couper (de la main gauche toujours) et mettons-les en trois paquets de cette manière :

Une carte au milieu, une carte à gauche, une carte à droite, la quatrième au dessous, pour la surprise, puis complétons les paquets jusqu'à épuisement des dix-sept cartes.

Cette opération se renouvelle trois fois, ce qui donne trois cartes pour la surprise. A chaque fois, on relève les paquets et on lit ce qu'ils nous disent, puis on bat les cartes et on recommence.

PREMIÈRE FOIS. *Premier paquet de six cartes.* As de pique, huit de trèfle, roi de trèfle, neuf de cœur, dix de carreau, neuf de trèfle. « Succès d'amour : un homme brun apportera de l'argent.»

*Deuxième paquet de cinq cartes.* Roi de cœur, huit de pique, huit de cœur, valet de cœur, as de cœur. « Un homme blond qui a une affaire de cœur vous enverra une lettre par un bon ami. »

*Troisième paquet de cinq cartes.* Dix de trèfle, dame de carreau, dame de pique, as de trèfle, huit de carreau. « Grand succès en amour et en fortune, sur lequel parleront deux femmes, deux rivales. »

La première carte de surprise est la dame de cœur.

DEUXIÈME FOIS. *Premier paquet.* Valet de cœur, as de trèfle, dix de trèfle, huit de cœur, neuf de trèfle.

*Deuxième paquet.* Huit de carreau, huit de pique, roi de cœur, huit de trèfle, as de cœur.

*Troisième paquet.* Dame de carreau, as de pique, dame de pique, roi de trèfle, neuf de cœur.

Première phrase : « C'est un jeune homme qui sera porteur d'une bonne nouvelle concernant notre fortune et nos amours. »

Deuxième phrase : « L'amour serait de courte durée, si un homme blond n'apportait de l'argent dans la maison. »

Troisième phrase : « C'est un homme brun qui fera réussir l'affaire, en dépit de deux rivales qui voudraient se partager le succès. »

Carte de surprise : Le dix de carreau.

TROISIÈME FOIS. *Premier paquet de cinq cartes.* Roi de cœur, neuf de trèfle, huit de carreau, huit de trèfle, dix de trèfle.

*Deuxième paquet de cinq cartes.* Huit de cœur, huit de pique, as de cœur, roi de trèfle, as de trèfle.

*Troisième paquet de quatre cartes.* Dame de carreau, valet de cœur, as de pique, dame de pique

Le pronostic est à peu près le même. Un homme blond, amoureux et riche. Amour qui réussit, grâce à un homme brun. Deux femmes qui complotent contre votre bonheur.

Les trois cartes de surprise donnent pour corollaire de ce qui précède : La dame de cœur, le dix de carreau, le neuf de cœur. « Vous ferez un voyage qui réussira, ou bien vous profiterez d'un voyage fait pour votre bonheur. »

Le tour peut se compliquer de la manière suivante :

Après avoir lu trois fois, en comptant par 7, les cartes étalées devant vous, réunissez-les devant vous, une par une et a côté l'une de l'autre en les prenant par la droite et par la gauche. Ainsi :

Dix de carreau et neuf de trèfle : Voyage qui réussira. Roi de cœur et huit de carreau · Un homme blond amoureux. Dix de trèfle et huit de trèfle : Grande joie pour de l'argent. Huit de pique et huit de cœur : peu de durée de cet amour. As de cœur et neuf de cœur : Plaisir dans la maison. Dame de cœur et as de trèfle : « Votre réussite est complète. » Roi de trefle et dame de carreau : « Une femme médit de vous. » Dame de pique, as de pique et valet de cœur : Nouvelles médisances.

De cette partie de l'horoscope il résulte ce que la suite vous donne :

« Vous réussirez en amour et en fortune, en dépit des médisances. »

Les cartes, une fois tirées par trois et réunies

jusqu'aux nombres de 13, 15, 17 et même 21,
auront beau être réunies par deux, mises en paquets, ou réunies pour la surprise, elles donneront
un sens général qui ne fera que se définir plus
particulièrement, au fur et à mesure qu'on desirera
pressurer l'explication.

Si nous avons dans un paquet : valet de carreau, roi de cœur, sept de pique, dame de pique,
sept de trèfle, il nous dira : un jeune homme peu
délicat cherche à nuire à un homme blond, il
lui causera des chagrins, grâce à une vilaine
femme qui le paiera pour ça.

Dans un autre : dame de cœur (celle qui consulte),
valet de trèfle, huit de cœur, neuf de carreau,
as de trèfle. Nous aurons : « Vous recevez un brun
aimé d'une fille blonde. Cet amour éprouve des
retards que fera cesser l'argent. »

Dans le dernier : dix de cœur, neuf de trèfle,
huit de pique, dix de carreau. On a : grande joie

pour un héritage. Petite maladie causée par un voyage.

Au talon : sept de cœur, valet de trèfle, dame de pique : Amour d'un jeune homme brun traversé par une rivale.

Les cartes mêlées et remêlées, mises en ligne, ou par deux, ou réunies en paquets, nous donneront invariablement :

« La consultante aime et serait aimée sans une rivale qui la tourmente, ou un jeune homme qui dépense de l'argent pour contrecarrer son amour. Elle en sera malade et fera un petit voyage. »

Nous cessons là nos exemples. Le bon sens du lecteur y suppléera. Du reste, on n'a qu'à essayer de se tirer les cartes soi-même, et, avec un peu de patience, on arrivera à les faire parler. Il y a un grand agrément avec elles, c'est qu'elles ne se contredisent pas.

### Manière de tirer les cartes par sept.

C'est la même méthode que la précédente. Elle ne diffère que par la manière d'amener les cartes.

Vous prenez un jeu. Vous battez et coupez ou faites couper. Vous retirez les six premières et tournez la septième que vous mettez devant vous. Cette opération répétée trois fois vous donne

4

douze cartes, parmi lesquelles doit être celle qui
représente le consultant. Si elle n'y est pas, on
recommence jusqu'à ce qu'elle y soit.

Ensuite, vous opérez sur vos douze cartes de la
même manière, en comptant par sept, en réunis-
sant deux par deux, en faisant trois paquets et en
laissant trois cartes pour la surprise. En sorte
qu'au dernier coup, on a quatre paquets de trois
cartes, ce qui facilite l'explication.

Nous n'allons donner qu'un exemple pour
montrer comment on peut deviner le sens caché
entre les cartes.

*Premier paquet.* — Neuf de pique, neuf de carreau, as de trèfle. En langage ordinaire, cela veut
dire : mort, retard pour l'héritage. Vous pouvez
lire simplement : Argent à toucher, retard pour
mauvaises nouvelles. En style sténorgaphique :
Heritage retardé.

*Deuxième paquet.* — As de pique, as de carreau, huit de trèfle. En langage ordinaire, cela
veut dire : complot. Vous en recevrez la nouvelle qui ne vous sera pas défavorable. Plus simplement : bonnes nouvelles.

*Troisième paquet.* — Sept de trèfle, sept de
carreau, neuf de trèfle. On lit facilement : Amourettes traversées par des soucis d'argent ; ou bien :
Amourettes qui coûteront cher. Enfin on y voit :
Abondance de biens qui fera qu'on se moquera
de vous. Ou mieux encore : Je me moque bien de
l'argent. En un mot : Insouciance.

Enfin le *paquet de la surprise.* — Valet de

trèfle, dame de cœur, valet de cœur. Lisons : La dame blonde risque sa liberté en aimant l'un ou l'autre. Il y a mariage et rival, réussite et danger. Sténographions : Le mariage serait une prison.

Ceci soit dit, non pas pour corriger l'oracle, mais le forcer à s'expliquer.

### Manière de tirer les cartes par quinze.

On fait deux paquets de seize cartes chacun. On choisit, ou on fait choisir, un paquet. L'autre est mis de côté. On étale ces cartes, après en avoir mis une à part pour la surprise. Puis on opère comme plus haut, en les comptant par sept, pendant trois fois, à partir de la carte du consultant et de droite à gauche.

Puis on remêle les quinze cartes et on en fait trois paquets de cinq cartes. On ôte la première de chacun de ces paquets et on la met sur la carte de surprise, ce qui fait qu'on se trouve en face de quatre paquets, chacun de quatre cartes.

Ces quatre paquets sont :

L'un pour le consultant, celui qu'il choisit ;

L'autre pour *la maison;*

Le troisième pour *ce qu'on n'attend pas;*

Le dernier, c'est *la surprise.*

Supposons que le premier contienne le valet de cœur, l'as de carreau, la dame de trèfle, le huit de pique.

Lisez : Un joyeux garçon écrit à une dame brune qu'il est malade.

Comme nous sommes en présence d'une consultante (*la dame de cœur*), nous lui devons une explication. La voici toute claire :

« Un joyeux garçon, qui vous aime, écrit à une brune qu'il ne l'aime pas. »

La blonde qui consulte est déjà rassurée.

Changeons encore l'oracle, d'après celle qui nous consulte. Si elle est mariée, ou si elle n'aime pas encore, on peut trouver :

« Vous recevrez une lettre d'un ami, annonçant l'indisposition d'une de vos parentes. »

Ou bien encore :

« Un jeune homme, qui cherche à vous plaire et ne songe qu'au plaisir, est en relations avec une femme brune, indisposée contre vous par cet amour. »

Mademoiselle Lenormand avait le secret d'interpréter le sens des cartes au profit de la personne qui la consultait. Elle était physionomiste avant tout, et souvent les cartes ne disaient que ce qu'elle voulait bien dire.

Poursuivons. Le paquet de la maison a : dame de cœur, valet de pique, as de trèfle, neuf de carreau.

« La consultante aime ou connaît un jeune homme brun. Elle en aura des nouvelles agréables qui ont subi un léger retard. »

Le paquet pour ce qu'on n'attend pas : dame de carreau, roi de pique, as de cœur, sept de pique.

« Une femme et un homme de mauvaise foi sont ligués contre vous, pour vous causer de l'ennui dans votre maison. »

Le paquet de la surprise : valet de trèfle, dix
de carreau, dame de pique, neuf de pique.

« Un jeune homme adroit va faire un voyage près
d'une veuve qu'il trouvera en danger de mort. »

Les quatre paquets sténographiés donnent :

« Lettre annonçant une maladie. Amours con-
trariées, médisances ; voyage pour une mort. »

Jusqu'à présent, nous n'avons pas parlé des
cartes renversées. Elles annoncent presque toujours le contraire de ce qu'elles disent étant droites. Du reste, avec un peu de minutie, les cartes
sont rarement retournées.

### Manière de tirer les cartes par vingt et une.

La méthode, quoique toujours la même, est un
peu plus compliquée. On prend un jeu de trente-
deux cartes. Quand on l'a bien battu et fait couper, on en retire onze cartes. Les vingt et une restant sont étalées sur la table et on fait le jeu comme
précédemment, après avoir rebattu, redonné à
couper et mis de côté une carte pour la surprise.
Il en reste donc vingt sur lesquelles on opère, en
comptant par sept et trois fois de suite, à partir
de la carte choisie par le consultant. Puis on fait
les paquets, trois fois de suite, en laissant chaque
fois une carte pour le paquet de la surprise.

*Observations importantes.* — Si la majeure
partie se trouve en cartes blanches, c'est grande
réussite pour la personne. Si les cinq basses cartes
de pique y sont, la personne se brouillera avec sa fa-

4.

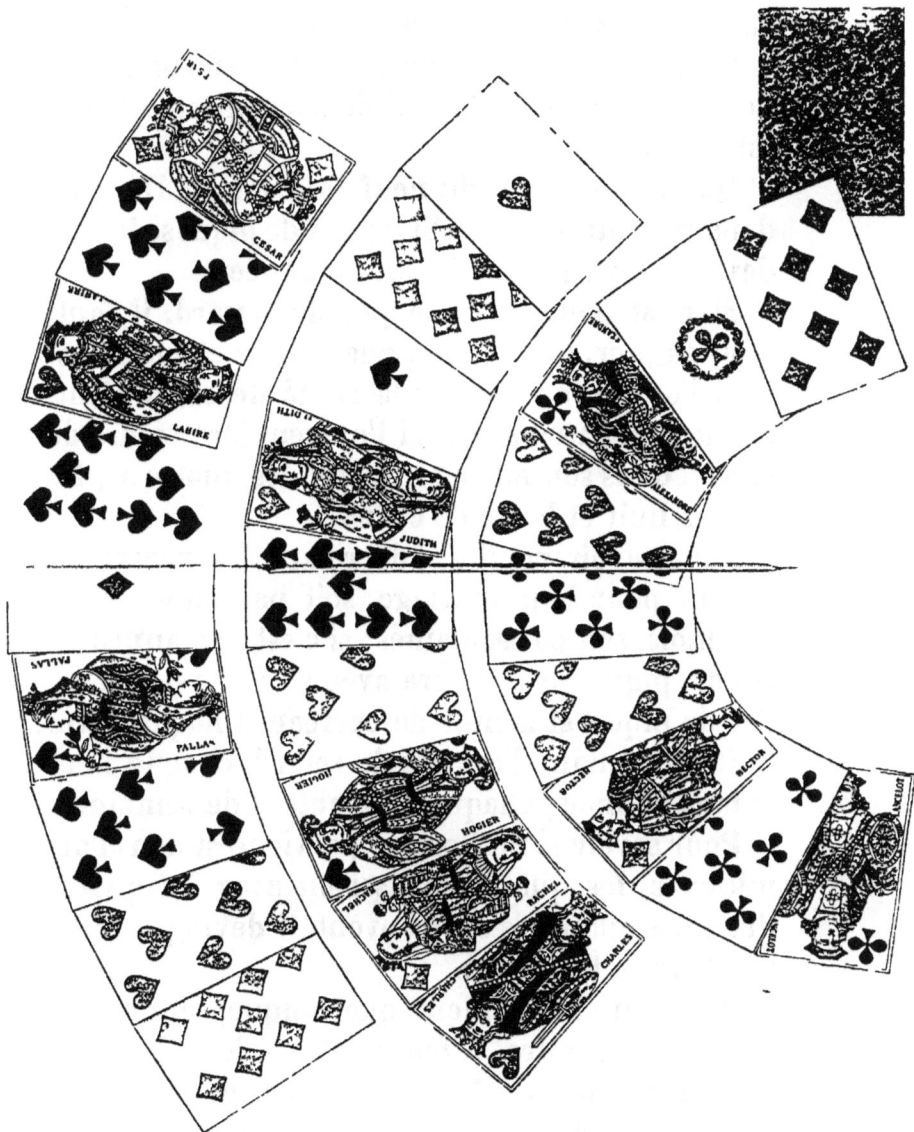

LE COUP DE VINGT-SEPT (Voir page 69)

mille ou avec ses amis ; s'il se trouvait les cinq basses
cartes de trèfle, ce serait gain de procès. Les cinq
basses cartes rouges sont signe de bonnes nouvelles.

Sept carreaux indiquent une jalousie bien fondée. Cinq cœurs et le sept de trèfle disent que la
jalousie est mal fondée.

Quatre as suivis du neuf de cœur : « Réussite
dans vos entreprises. » Si le neuf de pique se trouve
devant vous, la réussite est manquée.

Si c'est pour quelque jeu de hasard, il faut,
pour gagner, huit trèfles, quatre rois et quatre as.

Si l'on est inquiet sur la santé de son enfant,
ou sur son patrimoine, si l'on veut être assuré de
la paix dans son ménage, il faut les quatre as, les
quatre huit et le roi de cœur.

Pour savoir combien de retard les personnes
auront pour leur mariage, soit par années, soit
par mois, soit par semaines ; si c'est une année, le
roi de pique se trouvera avec la dame de cœur,
l'as de pique et le huit de carreau. Chaque autre
huit sera autant d'années de retard, chaque neuf
autant de mois, chaque sept autant de semaines.

Pour savoir si un homme parviendra dans l'art
militaire, les quatre rois seront avec les quatre
dix, si les quatre as s'y trouvent, il devra parvenir
a un grade très élevé.

Pour un changement quelconque, si c'est un
chef ou un maître, il faut quatre valets, le dix et
le huit de carreau, le dix de trèfle, pour la réussite de ses affaires ; s'il s'y trouve le neuf de carreau, c'est un retard.

## Manière de tirer les cartes par vingt-sept.

On tire vingt-sept cartes et on les pose neuf à neuf sur trois rangées de manière qu'on puisse les compter par trois dans le sens transversal. (Nous donnons pages 66 et 67 le modèle pour la disposition des cartes.) Les quatre dernières sont mises au rebut, et elles expliquent précisément ce dont on n'a pas besoin dans la vie. La trente-deuxième est celle qu'a choisie le consultant pour le représenter. Elle ne figure pas.

Seulement, il faut avoir soin de les poser de la manière suivante. La première carte tirée après la coupe est mise au n° 21, la deuxième au n° 19, la troisième au n° 10, et on recommence jusqu'à 27 en suivant la même route (1).

On commence par donner un coup d'œil général aux cartes et on observe les indications précitées. Puis on consulte le jeu neuf par neuf et trois par trois dans chaque sens.

Les exemples à donner devant forcément se répéter, nous n'en donnons pas pour ce coup

(1) Pour bien comprendre, figurez-vous par la pensée que vous avez sous les yeux trois lignes chiffrées de 1 à 27, et alors vous pourrez disposer vos cartes Ainsi la première tirée est la vingt et unième, le valet de carreau. Vous la placez ou vous vous figurez devoir être le n° 21. Le valet de trèfle n°19 vient ensuite ; vous le placez à côté du 21, réservant une place pour le 20. Le roi de cœur tiré le troisième va au n° 10, c'est-à-dire à la première rangée de la deuxième ligne Toutes les cartes tirées ensuite sont mises après les 21, 19 et 10, en suivant jusqu'à 27, en sorte que la dernière carte placée occupe le n° 1

D'ailleurs, en consultant le tableau qui nous sert de modèle, il est facile de comprendre que les premières cartes tirées sont valet de trèfle, valet de carreau, roi de cœur, dix de cœur, sept de trèfle, dame de carreau, huit de trèfle, neuf de cœur, valet de pique, ainsi de suite. Les pronostics se déduisent comme nous l'avons montré.

Ce coup peut se recommencer plusieurs fois et se faire à toutes les personnes présentes, chacune en particulier.

Il nous reste à étudier différentes manières de se tirer les cartes plus simplement :

1° *La croix.* — On met au milieu de la table la carte choisie pour vous représenter et on l'entoure de cartes de chaque côté en figurant une croix. Il doit y en avoir 7. On retourne les cartes et on s'explique l'avenir ou le présent par la signification des cartes qui vous entourent. (Voir la figure ci-contre.)

2° *Les petits paquets.* — On fait cinq paquets, en tirant les cartes une par une. On met cinq cartes dans chaque paquet. Les sept cartes restant doivent vous dire ce que vous demandez et, pour cela, représenter la carte choisie par vous. Si elle n'y est pas, on retourne la première carte à chaque paquet. Si elle n'y est pas encore, on mêle les cartes et on recommence. A la troisième fois, si votre carte n'y est pas, c'est mauvais signe. Les cartes ne veulent pas parler.

3° *La roue de Fortune.* — C'est un peu plus com-

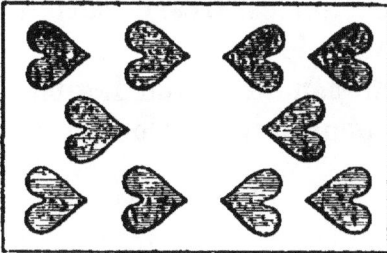

LA CROIX.

pliqué. Prenez pour modèle le grand tableau que nous donnons pages 84 et 85, et mettez vos cartes comme vous les tirez, une par une. Colonne A, puis colonne B, en commençant par le bas, mettez quatre cartes, ensuite posez la roue. Il faut treize cartes. Faites le chapiteau C avec cinq cartes. Au point O, mettez la carte du consultant. Les cinq cartes manquant ne sont vues qu'après l'explication de la roue.

A, c'est le passé; B, l'avenir; C, le présent. Chaque côté de la roue s'explique avec les faces correspondantes des trois colonnes.

4° *Le Etteila.* — Pour tirer les cartes d'après le *grand* Etteila, il faut prendre un jeu de 52 cartes auxquelles on ajoute une carte blanche. Cette carte représente le consultant et s'appelle le Etteila.

Cette carte a le n° 1. Toutes les autres ont leur nom et leur valeur écrits. Chacune a une petite marque pour qu'on sache si elle est droite ou renversée, ce qui est très important dans cette manière de tirer les cartes.

Voici le tableau au moyen duquel on pourra se reconnaître pour faire parler ce nouvel horoscope :

Nota. — *Ainsi que nous l'avons déjà fait remarquer, chaque carte numérale, quelle qu'en soit la couleur, doit toujours être marquée d'un côté, ainsi que nous l'indiquons, soit par un signe, soit par un chiffre qui puisse faire reconnaître quand elle est droite ou renversée. Si le jeu de cartes est à deux têtes, on en fait autant pour les figures. En général, il ne faut pas employer ce jeu de cartes*

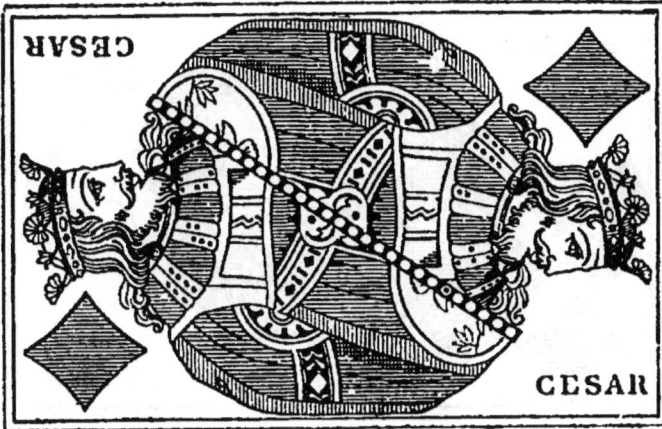

Un homme ou un autre homme.
Le numéro : *droit*, fidélité ; *renversé*, père.
*A la gauche d'Etteila*, or sur vous.

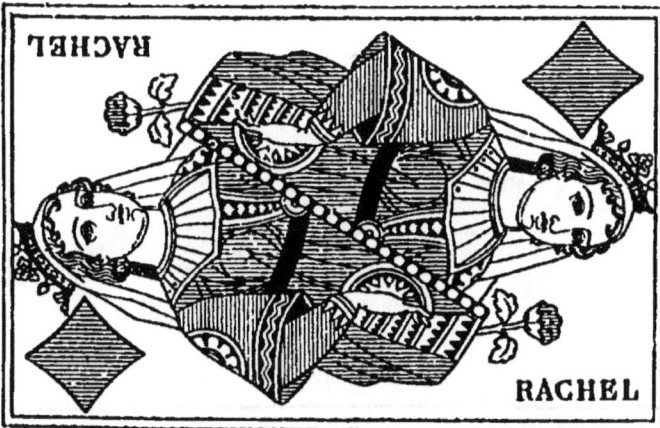

Une femme ou une autre femme.
Le numéro : *droit*, l'air ; *renversé*, mère.
*A la gauche d'Etteila*, caractères.

5

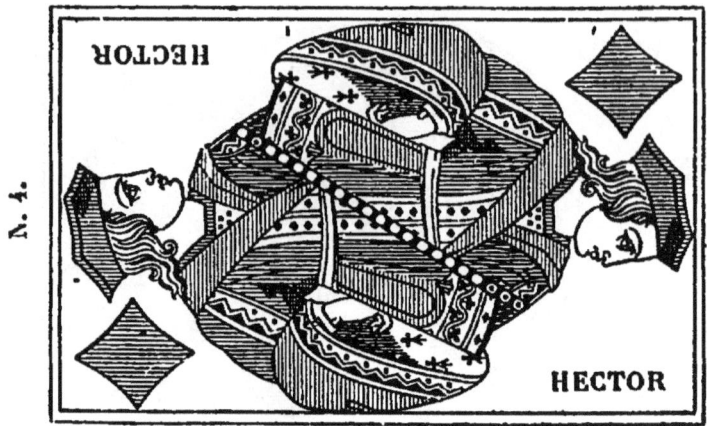

Militaire ou domestique.
Le numéro : *droit*, fierté ; *renversé*, parent.
*A la gauche d'Etteila*, on vous attend.

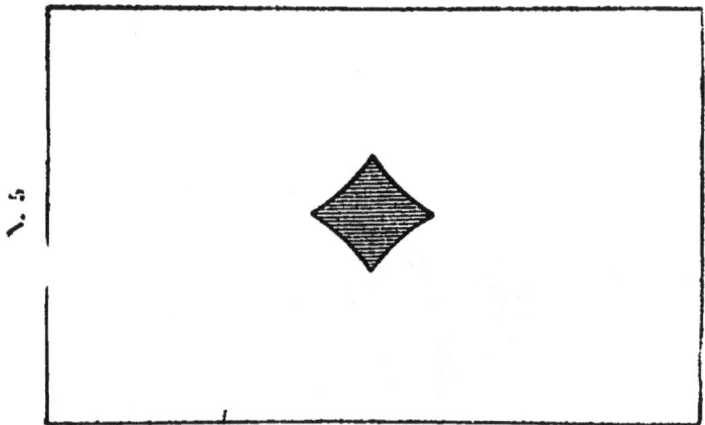

Lettre ou billet.
Le numéro : *droit*, solitude ; *renversé*, beau-père.
*A la gauche d'Etteila*, pressant besoin.

N. 6

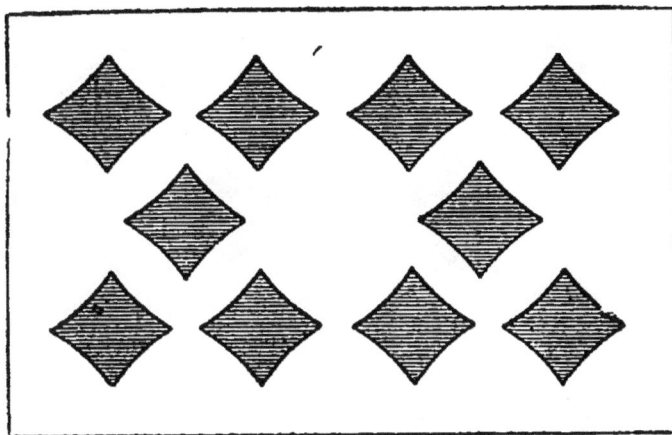

Or ou trahison.

Le numéro : *droit*, l'eau ; *renversé*, commence-
ment.

*A la gauche d'Etteila*, chute.

N. 7.

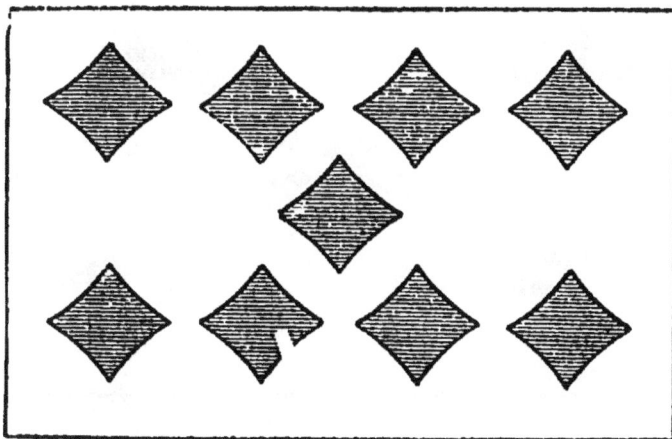

Retard ou entreprise.

Le numéro : *droit*, pauvreté ; *renversé*, avantage.

*A la gauche d'Etteila*, chasteté.

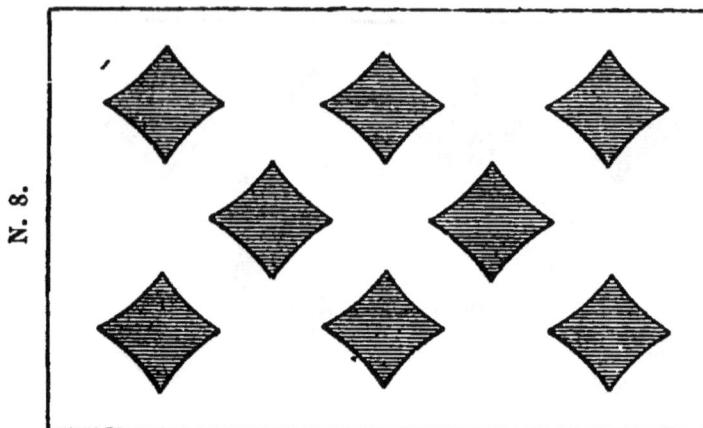

Campagne ou chagrin.
Le numéro : *droit*, richesse ; *renversé*, fin.
*A la gauche d'Etteila*, sagesse.

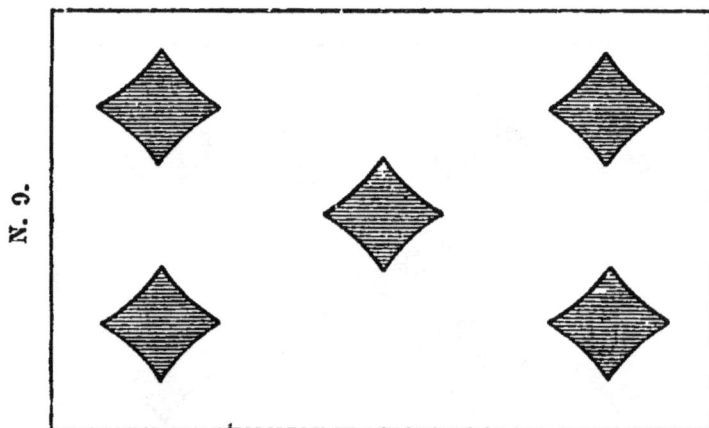

Caquets ou médisance.
Le numéro : *droit*, le présent ; *renversé*, bon.
*A la gauche d'Etteila*, beaucoup.

N. 31.

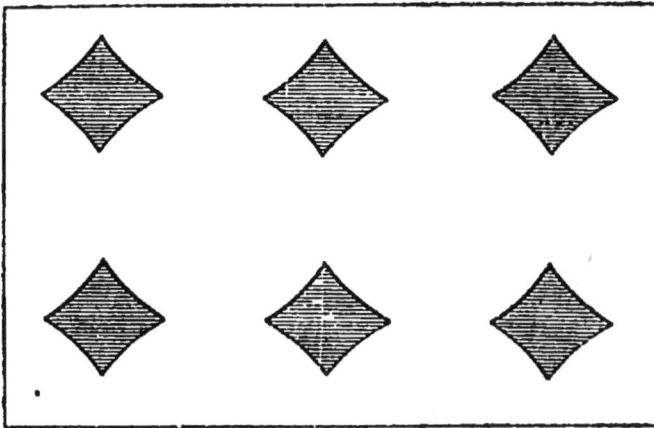

Domestique ou attente.

Le numéro : *droit*, fidélité ; *renverse*, espoir déçu

*A la gauche d'Etteila*, trahison.

N. 32.

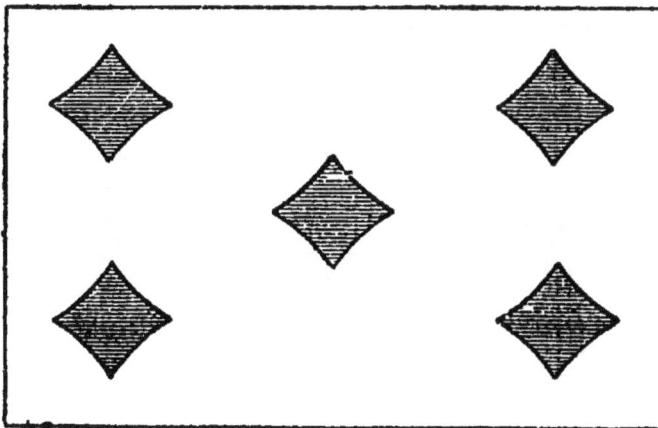

Grandeurs ou procès.

Le numéro : *droit*, ambition ; *renverse*, inquiétudes.

*A la gauche d'Etteila*, succès au jeu.

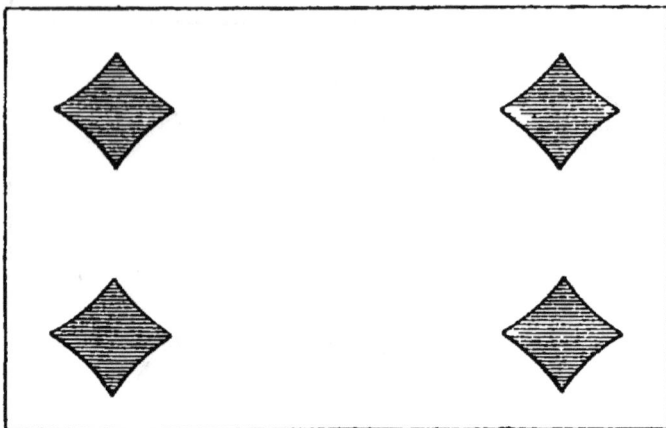

N. 33.

Amitié ou méfiance.

Le numéro : *droit*, fortune ; *renversé*, amour du jeu.

*A la gauche d'Etteila*, trouvaille.

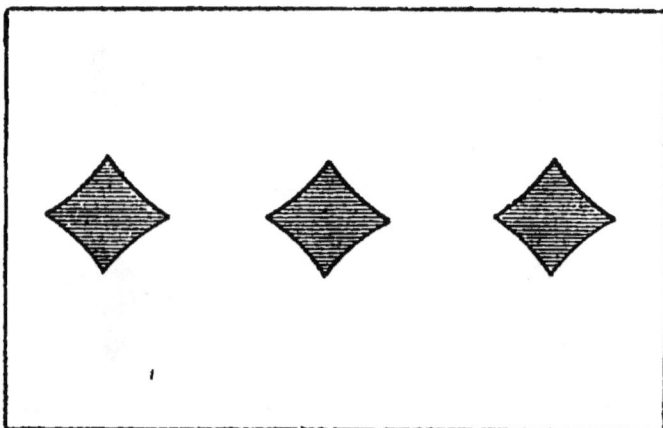

N. 34.

Spéculation ou chagrin.

Le numéro : *droit*, prospérité ; *renversé*, pleurs.

*A la gauche d'Etteila*, gloire littéraire.

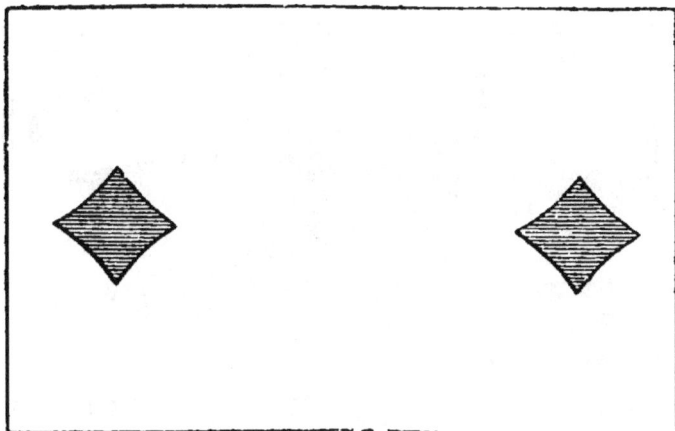

N 35.

Un parent.

Le numéro : *droit*, amour ; *renversé*, amitié.

*A la gauche d'Etteila*, personne qui vous est chère.

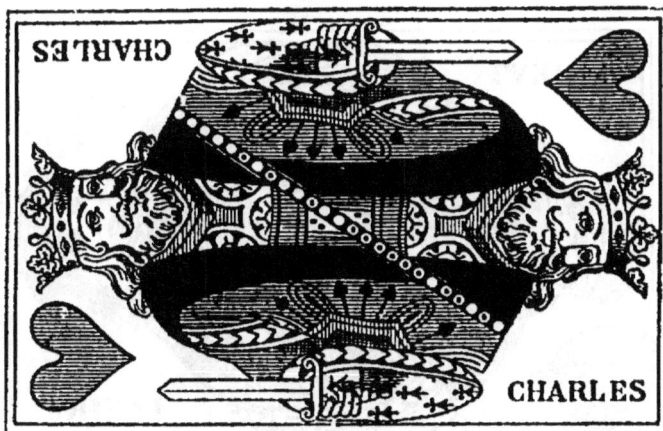

N. 10.

Blond ou châtain blond.

Le numéro : *droit*, remarque à la figure, *renversé*, tuteur.

*A la gauche d'Etteila*, cloître.

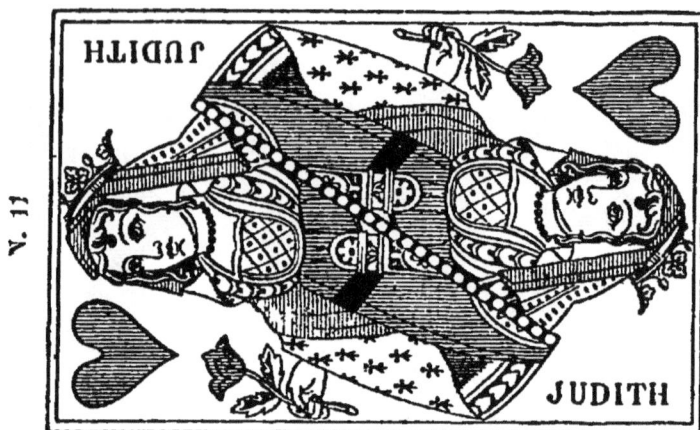

Blonde ou châtaine blonde.

Le numéro : *droit*, inconstance ; *renverse* belle-mère.

*A la gauche d'Etteila*, plus.

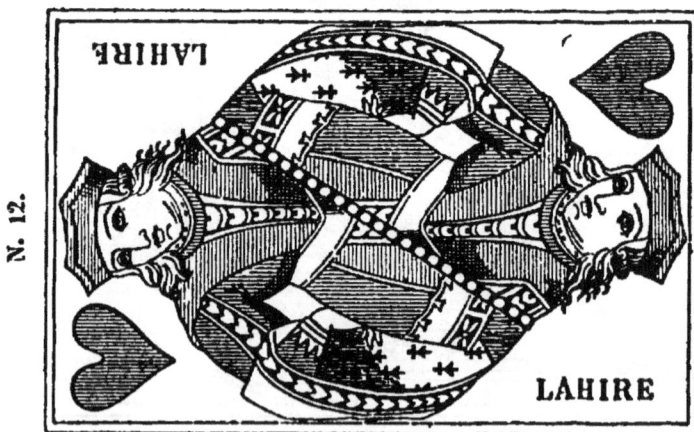

Blond (garçon) ou châtain blond.

Le numéro : *droit*, générosité ; *renversé*, enfant.

*A la gauche d'Etteila*, superstition.

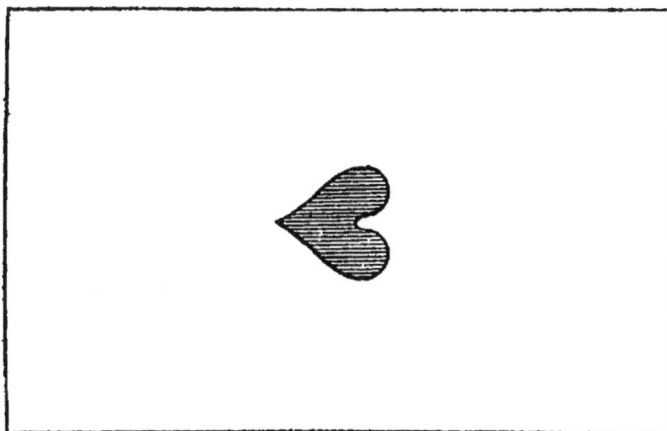

Mars ou table extraordinaire.

*A la gauche d'Etteila*, maison.

Cette carte pas plus que l'as de pique n'a de numéro. Etteila le veut ainsi. Respect à ses ordres.

N. 13.

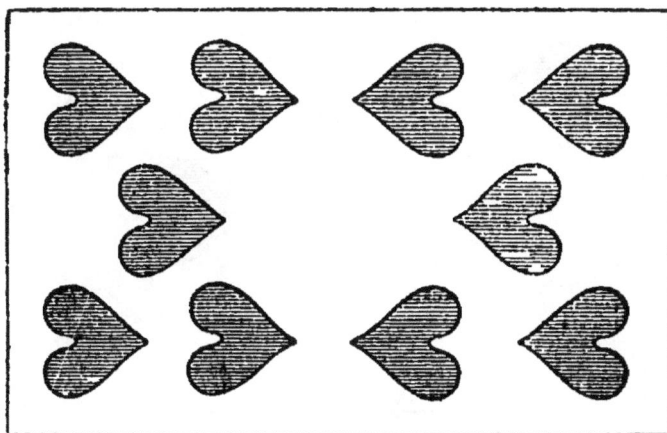

Ville ou héritage.

Le numéro : *droit*, envieux ; *renversé*, mariage forcé.

*A la gauche d'Etteila*, sincérité.

5.

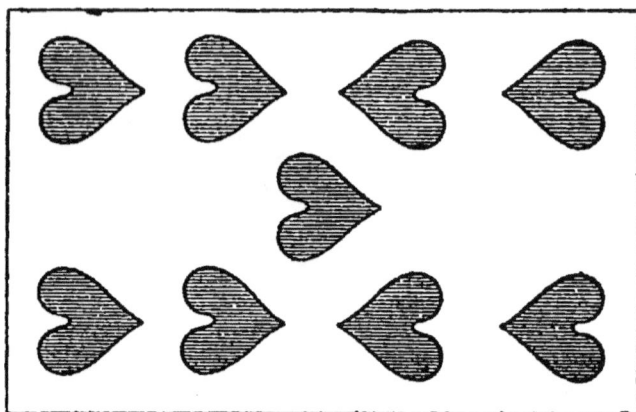

N. 14

Victoire ou ennui.

Le numéro : *droit*, curiosité ; *renversé*, empêchement.

*A la gauche d'Etteila*, désespoir.

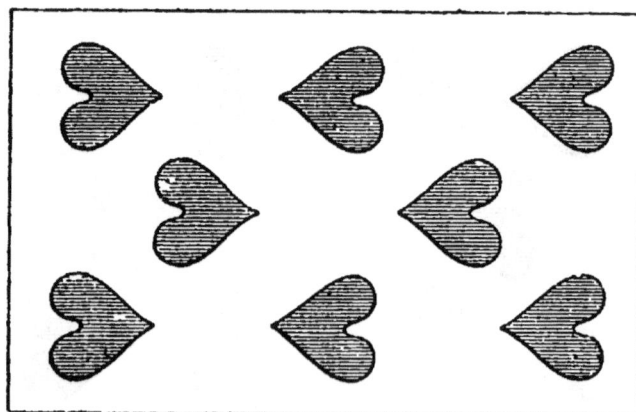

N. 15.

Fille blonde ou châtaine blonde.

Le numéro : *droit*, fleurs ; *renverse*, sœur.

*A la gauche d'Etteila*, innocent persécuté

N 16

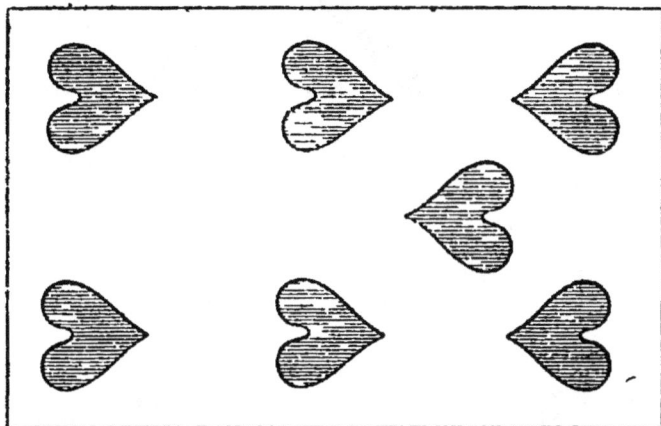

La pensée ou désir.
Le numéro : *droit*, cœur ; *renversé*, hypocrisie.
*A la gauche d'Etteila*, trahison.

N 36.

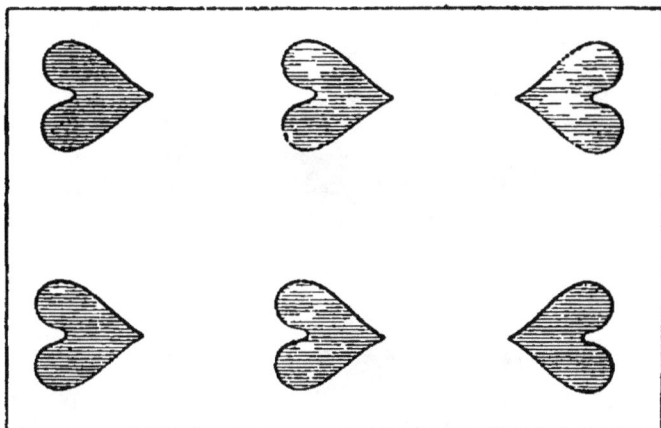

Le passé ou l'avenir.
Le numéro : *droit*, rêverie ; *renversé*, aventures.
*A la gauche d'Etteila*, mauvais propos

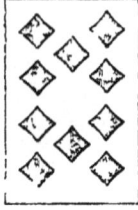

B

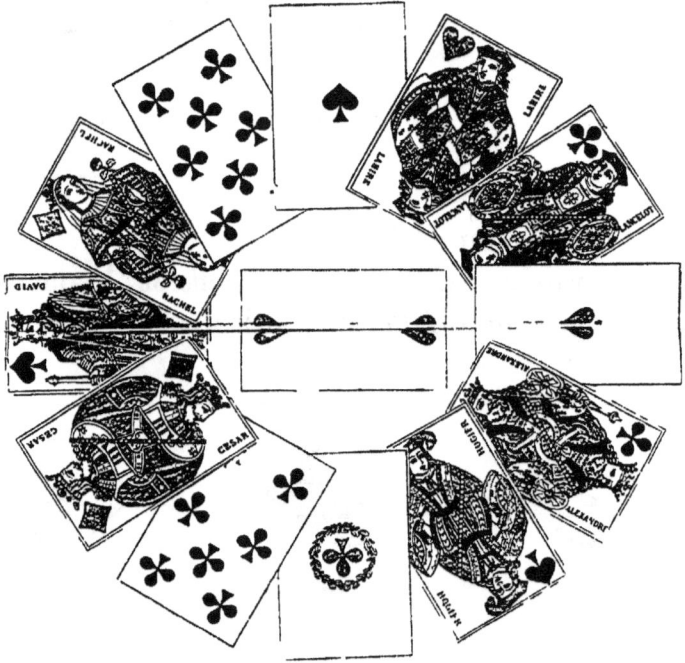

LA ROUE DE FORTUNE (voir page 72).

A

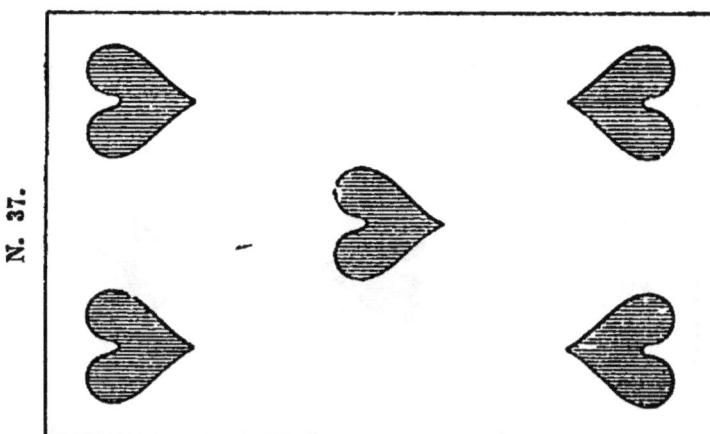

N. 37.

Héritage ou famille.

Le numéro : *droit*, heureux mariage ; *renversé*, mauvaise liaison.

*A la gauche d'Etteila*, bienfaits.

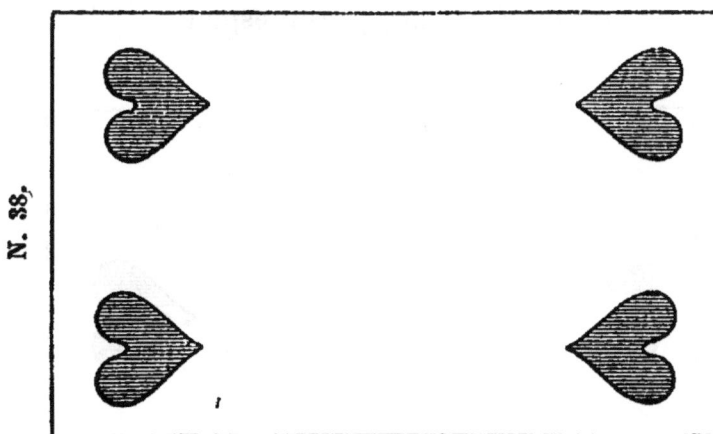

N. 38.

Ennuis ou fâcheux.

Le numéro : *droit*, désagrément ; *renversé*, contre-temps.

*A la gauche d'Etteila*, notoriété.

N. 39

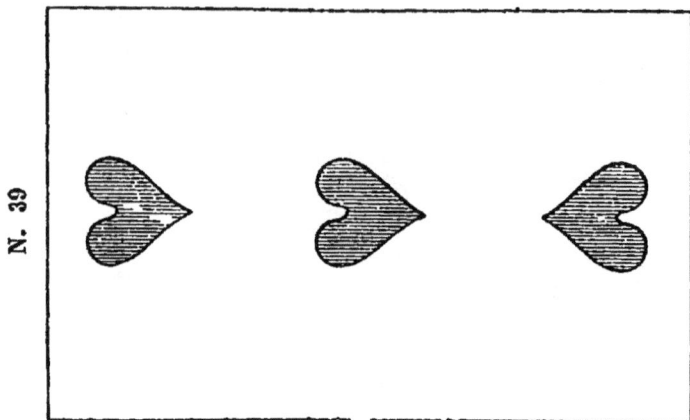

Reussite ou bonnes affaires

Le numéro : *droit*, succès au théâtre ; *renverse*, succès sans talent.

*A la gauche d Etteila*, grand espoir

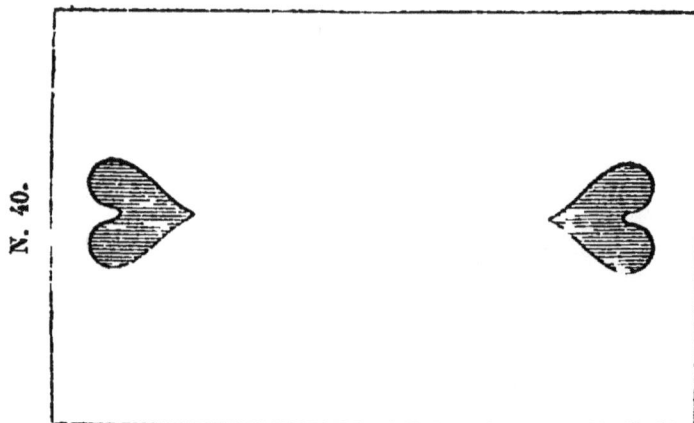

N. 40.

**Même signification que le deux de carreau.**

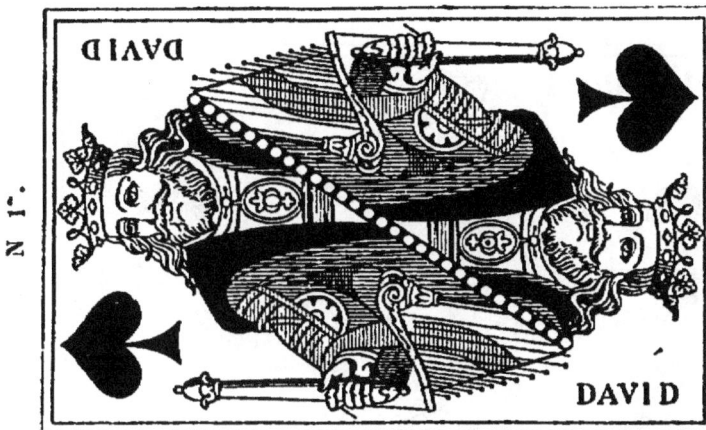

Homme de robe ou veuf.

Le numéro : *droit*, science ; *renversé*, fausse bravoure.

*A la gauche d'Etteila*, mariage double.

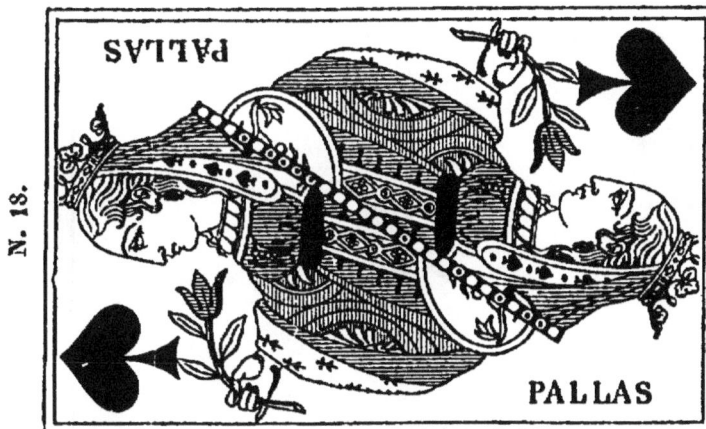

Veuve ou femme du monde.

Le numéro : *droit*, vie ; *renversé*, avances.

*A la gauche d'Etteila*, abandon.

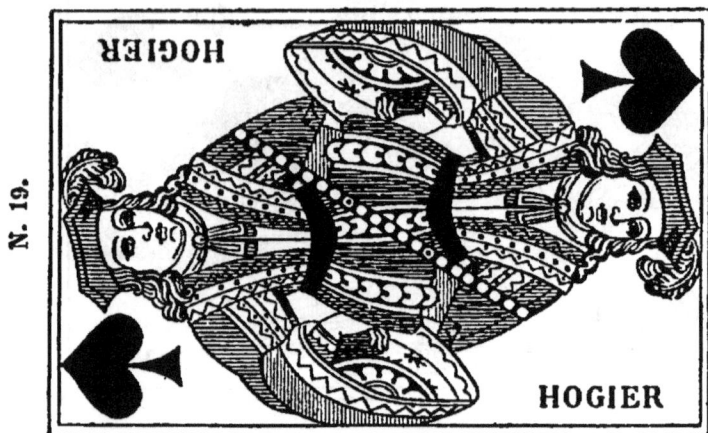

Envoyé ou espion.
Le numéro : *droit*, compagne ; *renversé*, rapt.
*A la gauche d'Etteila*, inhumanité.

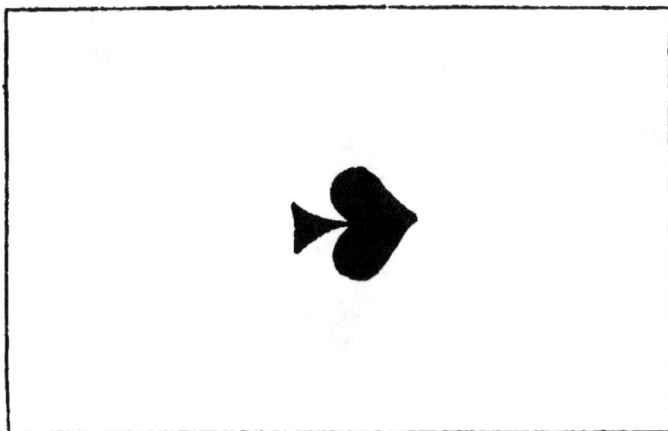

Vénus ou grossesse.
*A la gauche d'Etteila*, humanité.

N 20

Fleurs ou perles.
Le numéro : *droit*, jalousie; *renversé*, feu.
A *la gauche d'Etteila*, dû

Prêtre ou Saturne.
A *la gauche d'Etteila*, dettes ou prison.

N. 21

Maladie ou religieuse
Le numéro : *droit*, prudence; *renverse*,ambition.
*A la gauche d'Etteila*, solitude

N. 22.

Espérance ou amitie.
Le numéro : *droit*, force ; *renversé*, indécision
*A la gauche d'Etteila*, procès.

Voyage ou dangers.
Le numéro : *droit*, retards ; *renversé*, déception.
*A la gauche d'Etteila*, petits ennuis.

Perle ou deuil.
Le numéro : mêmes significations.
*A la gauche d'Etteila*, signe de mort.

N. 43.

Seul ou ladrerie.
Le numéro : *droit*, couvent ; *renversé*, prison.
*A la gauche d'Etteila*, querelles.

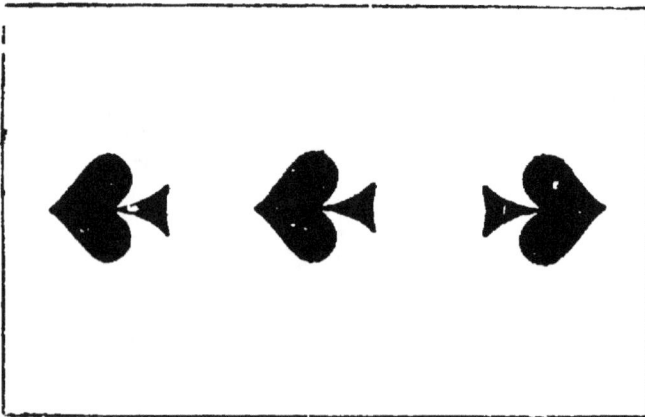

N 44.

Absence ou égarement.
Le numéro : mêmes significations
*A la gauche d'Etteila*, départ

Ami brun, même signification que les autres deux.

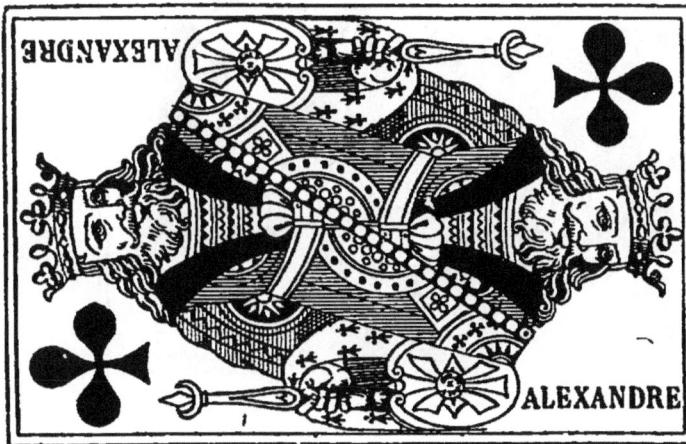

Homme brun ou châtain brun.
Le numéro : *droit*, moins ; *renversé*, epoux.
*A la gauche d'Etteila*, inimitié.

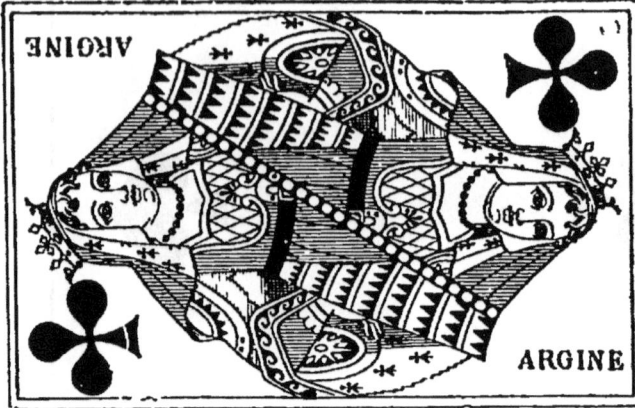

N 24

Brune ou châtaine brune.
Le numéro : *droit*, bavarde ; *renversé*, épouse.
*A la gauche d'Etteila*, injustice

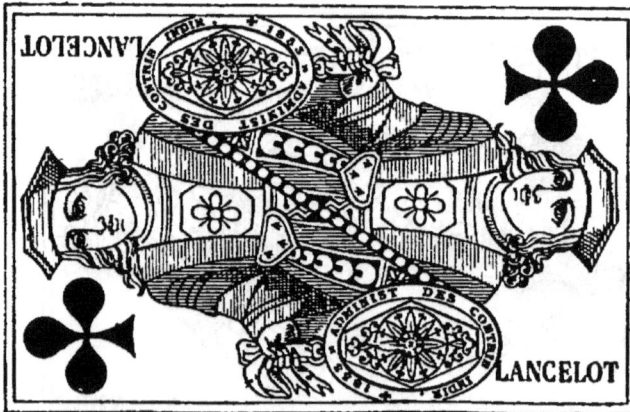

N. 25

Garçon brun ou châtain brun.
Le numéro : *droit*, esprit ; *renversé*, frère.
*A la gauche d'Etteila*, flatterie.

N. 26.

Bourse d'argent ou noblesse.
Le numéro : *droit*, orphelin ; *renversé*, rancune.
*A la gauche d'Etteila*, réussite.

N. 27.

Maison ou amant.
Le numéro : *droit*, l'avenir : *renversé*, le passé.
*A lo gauche d'Etteila*, grandeurs.

N. 28.

Effet ou présent.
Le numéro : *droit*, indiscrétion ; *renversé*, jeux.
*A la gauche d'Etteila*, ingratitude.

N. 29.

Fille brune ou châtaine brune
Le numéro : *droit*, art ; *renversé*, éloignement.
*A la gauche d'Etteila*, faiblesse.

6

N 30

Argent ou embarras.
Le numéro : *droit*, haine ; *renversé*, la terre.
*A la gauche d'Etteila*, imagination.

N. 46.

Illusions ou cupidite.
Le numéro : *droit*, présent ; *renversé*, difficultes
*A la gauche d'Etteila*, échec.

N. 47.

Amour passionné ou discorde.

Le numéro : *droit*, mariage manqué ; *renverse*, grands déboires.

*A la gauche d'Etteila*, chagrins d'amour.

N 48.

Services rendus ou emprisonnement.

Le numéro : *droit*, cadeau ; *renversé*, obstacles

*A la gauche d'Etteila*, protection.

N 49

Considération ou chute.
Le numero : *droit*, frivolité ; *renversé*, tourments.
*A la gauche d'Etteila*, naissance.

N. 50.

Même signification que les autres deux.

On peut aussi se passer de cartes, on prend 52 cartons blancs et on y écrit en haut et en bas, dans un coin, le numéro. A côté la signification du numéro droit et renversé.

Alors on se trouve en face d'une simple lecture.

Supposez sept cartes :

25, esprit ; 9, bon (renversé) ; 2, père (renversé); 16, cœur ; 22, force ; 24, épouse (renversé); 21, ambition (renversé). Lisez : « Vous avez de l'esprit ; vous serez bon père, vous aurez du cœur, de la force, et votre épouse vous donnera l'ambition. »

Vous voyez comme c'est simple. Un seul exemple doit suffire.

Nous terminons ce chapitre par la grande étoile d'Etteila.

Elle est très compliquée, mais facile a faire. Suivez-moi bien et rappelez-vous bien vos numéros d'ordre en mettant les cartes sur les branches de l'etoile que vous tracerez comme suit :

Au milieu, vous mettez O la carte du consultant, et, avant de tirer les cartes, vous les mêlez, faites couper et tirez les onze premières que vous mettez de côté. Puis vous remêlez les vingt restant que vous tirez une à une et que vous placez :

La première, en A, sur le pied de la carte du consultant; puis à sa gauche, le n° 2 ; à sa droite, le n° 3 ; en haut, le n° 4 ; en bas, le n° 5 ; et on continue d'après l'ordre des n°ˢ ci-dessus. Les quatre derniers numéros 18, 19, 20, 21 sont placés, les deux pairs à côté du n° 12, les deux impairs à côté du n° 13.

6.

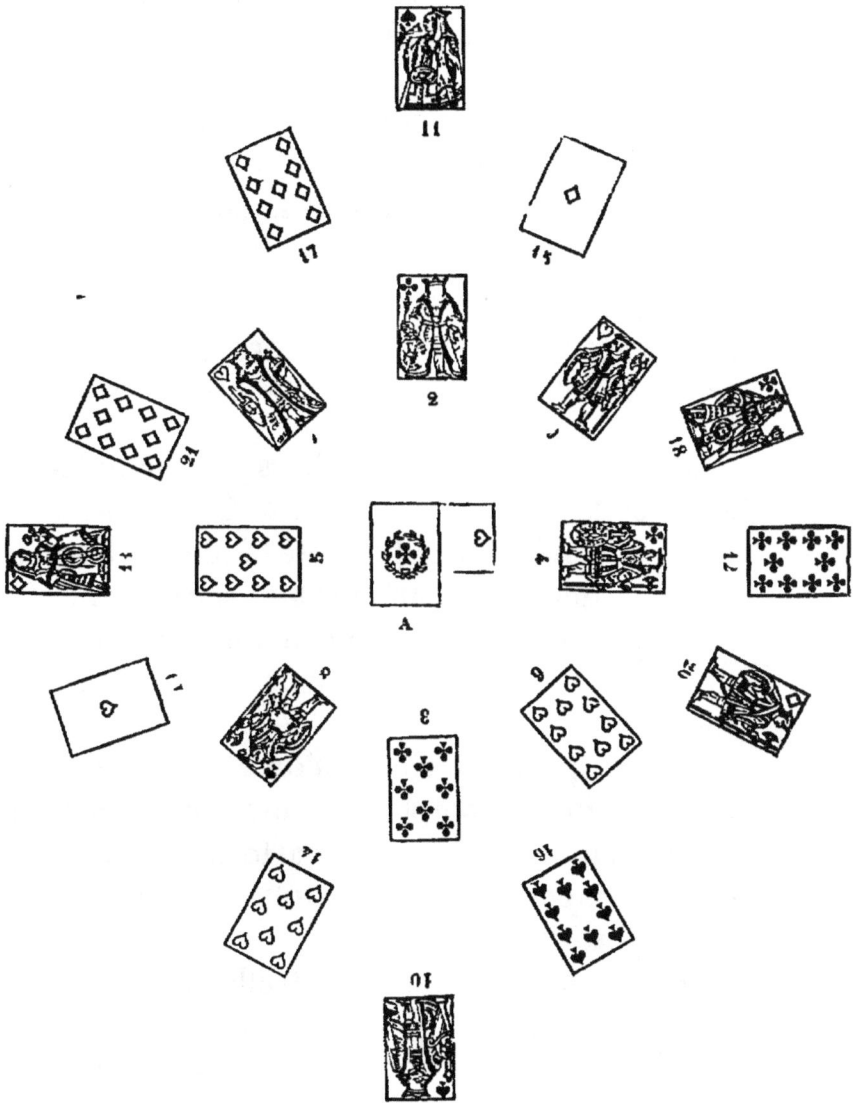

L'ETOILE D'ETTEILA

Pour expliquer les cartes, on commence par le plus long rayon, qui est le n° 16, on le joint au n° 14 et on continue de deux en deux ; quand le premier tour est fini, on passe au rayon moins grand, on prend le 6, on va au 8, etc.

On fait de même pour expliquer les cartes formant les rayons du centre. La dernière qui est retournée finit l'explication et la complète.

Nous terminerons ce chapitre par

## LA METHODE ITALIENNE ET AUTRES PROCEDES USITES PAR LES CELEBRITÉS DE LA CARTOMANCIE.

*Méthode italienne.* Il y a très peu de différence entre cette méthode et la nôtre. On tire les cartes trois par trois et on met de côté la plus forte, quand il y en a deux de la même valeur. Si elles étaient toutes les trois de la même couleur, on les prendrait. La carte du consultant doit toujours être sortie

Il faut quinze cartes, qu'on étale de gauche a droite et qu'on compte par cinq, en commençant par le consultant. Si cette carte n'y était pas, on recommencerait jusqu'a ce qu'elle y fût.

Supposons qu'on ait :

Dix de carreau, dame de trèfle, huit de cœur, as de carreau, dix de cœur, huit de trèfle, roi de pique, neuf de cœur, valet de pique, as de trèfle, huit de pique, dix de pique, sept de carreau, as de pique, valet de cœur.

L'ensemble nous donne trois as eloignés les uns

des autres : Bonnes nouvelles qui se feront attendre  Trois dix : Conduite blâmable du consultant. Deux valets : Mauvaise fréquentation.

Comptons par cinq. La dame de trèfle est la consultante. Comptons de gauche à droite. Huit de trèfle : On recevra un peu d'argent As de trèfle : Nouvelles qui combleront de joie. As de pique : Succès complet. As de cœur : Dans la maison. Roi de pique : Homme de loi. Huit de pique : Qui nous causera de la peine. Valet de cœur : Joyeux garçon qui nous consolera. As de carreau : Et nous écrira, etc... jusqu'à ce qu'on revienne à la dame de trèfle.

Puis on réunit les cartes deux par deux, en prenant par la droite et la gauche, valet de cœur et dix de carreau, as de pique et dame de trèfle, ainsi de suite. Le neuf de cœur restant seul indique réussite complète.

Après avoir expliqué ces rencontres, on bat les quinze cartes et on en fait cinq paquets, le premier pour le consultant, le deuxième pour la maison, le troisième pour ce qu'on attend, le quatrième pour ce qu'on n'attend pas, le cinquième pour la surprise. On laisse une carte que l'on appelle carte de consolation.

Exemple : Premier paquet. As de carreau, huit de trèfle, dix de cœur : lettre, argent, bonnes nouvelles.

*Pour la maison*. Roi de pique, neuf de cœur, valet de pique : Un homme de loi qui introduira un mauvais garçon.

*Ce qu'on attend.* As de pique, valet de cœur, as de trèfle : Un de vos bons amis sera mis en prison pour dettes ou à cause du plaisir et de l'argent.

*Ce qu'on n'attend pas.* Huit de cœur, dame de trèfle, dix de carreau : Voyage de la consultante pour une amourette.

*Surprise.* Huit de pique et dix de pique : Grandes peines.

*Consolation.* Huit de carreau : Amourettes.

Maintenant que nous tenons la clef de l'oracle, nous pouvons hardiment répondre à l'instant sur le passé, le présent, l'avenir.

Prenons un jeu de piquet. Après l'avoir battu, mêlé et coupé, ôtons la première et la dernière, et du reste faisons trois paquets, celui de gauche pour le passé, celui du milieu pour le présent, celui de droite pour l'avenir.

Chaque paquet se compose de dix cartes que nous expliquerons d'après nos règles établies. C'est le hasard qui a mêlé les cartes et nous devons croire à ce que nous disent les cartes par la voix du hasard, dont nous allons d'ailleurs étudier les prouesses dans le chapitre suivant.

# CHAPITRE IV

## DES REUSSITES

La réussite ne répond qu'a une seule question. Ainsi, veut-on savoir si on reussira dans une affaire, si votre femme vous aime, si vous vous marierez bientôt, etc..., on fait sa réussite, que certaines personnes appellent aussi *patience*.

Le nombre de ces réussites est incalculable. Malgré soi, sans y attacher trop de créance, on aime ces jeux qui flattent nos pensées, presque toujours d'accord avec le résultat. Et puis, avouons-le. on est naturellement superstitieux et on est contrarie quand *ça ne réussit pas*.

C'est que le hasard joue un grand rôle dans les reussites, et quand on est indecis sur ce qu'on veut faire, on aime bien à s'abandonner au hasard qui n'est pas un des plus mauvais guides de la vie humaine.

Donc, interrogeons le hasard et voyons les réussites.

RÉUSSITE DES QUATRE AS. — On prend un jeu de piquet, on le bat, on coupe ou on fait couper de la main gauche (nous ne parlerons plus de cette

opération qui se fait chaque fois), puis on tourne
treize cartes. De ces treize cartes on retire les as
qui s'y trouvent. On remêle et, deux fois de suite,
on recommence. Si, dans ces trois fois, les quatre
as sont sortis, la réussite est bonne. Elle est manquée dans le cas contraire.

On se pose une question : « Toucherai-je de l'argent ? » Si les quatre as sortent du premier coup,
c'est qu'on en touchera beaucoup de suite ; s'ils
sortent dans les deux premiers, vous en toucherez
de suite ; dans les trois coups, vous en toucherez,
tout simplement.

C'est ce qu'on peut appeler une réussite pro-
gressive.

RÉUSSITE DES ONZE CARTES. — On tire six cartes
du jeu et on tourne la septième. On continue
ainsi jusqu'à ce que le jeu soit épuisé et on répète
l'opération jusqu'à ce qu'on ait obtenu douze
cartes.

On les étale de gauche à droite, dans l'ordre
où elles sont sorties et on désigne la carte qui
doit représenter le consultant. On commence
alors par cette carte et on dit : As, roi, dame,
valet, dix, neuf, huit, sept ; et toutes les fois qu'en
nommant la carte, vous la trouverez sous votre
doigt, vous l'enlevez et vous continuez avec les
autres. Pour que la réussite soit bonne, il faut
que les onze cartes soient relevées successivement.

Supposons que nous ayons tiré dans cet
ordre :

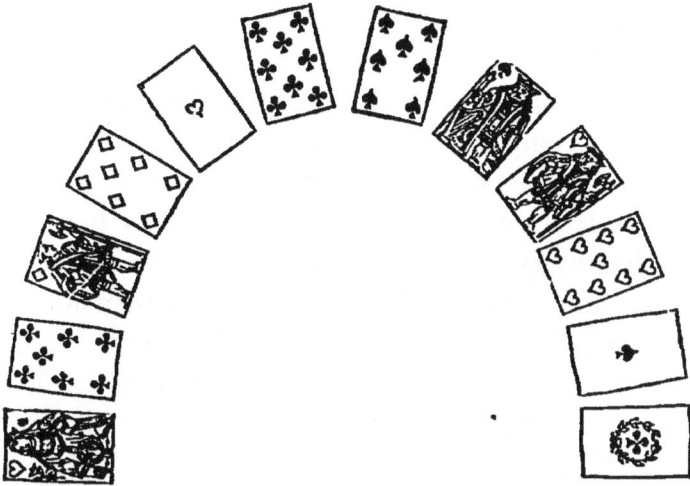

La dame de cœur est la consultante. Vous comptez as sur elle, roi sur le sept de trèfle, dame sur le valet de carreau,... ainsi de suite.

Le sept de carreau sort le premier après avoir passé deux fois la rangée. L'as de cœur, ensuite, puis le neuf de cœur, ce qui vous fait recommencer à la première carte. En continuant, vous relevez successivement les as de trèfle, valet de carreau, as de pique, roi de pique, dame de cœur, sept de trèfle.

Là, il ne vous reste que trois cartes. Comptez encore de même et vous arriverez à rester avec le valet de cœur. La réussite est faite.

On fait aussi cette réussite avec le jeu entier; seulement, on compte en sens inverse, c'est-à-dire, sept, huit, neuf, dix, valet, dame et as, et on recommence. Si toutes les cartes sortent, ce

qui arrive après douze ou quinze tours, la réussite est faite.

Si, après plusieurs tournées, on s'aperçoit
qu'on revient au même point, il est inutile de
continuer. La reussite est manquée

REUSSITES DIVERSES, DITES PATIENCES. — Elles se
font toutes avec un jeu de piquet

*Première méthode.* — Vous faites huit paquets
et vous retournez la première carte de chaque
paquet. Puis vous enlevez, deux par deux, celles
qui ont la même valeur, deux as, deux huit, deux
dix, etc..., tant qu'il s'en trouve.

A mesure qu'un paquet est degarni de la carte
retournée, on retourne la suivante, toujours en
enlevant deux par deux les cartes équivalentes.

Si on épuise les huit paquets, la réussite est
bonne. Si, au contraire, il arrive qu'il ne se
trouve plus deux cartes semblables retournees, la
réussite est manquée.

*Deuxième méthode.* — Au lieu de faire huit paquets de quatre, on en fait huit de trois et quatre
de deux ; c'est plus facile a réussir

On peut aussi compliquer la réussite en n'enlevant que les cartes equivalentes de couleurs
contraires, ainsi deux sept de pique et de cœur,
un roi de trèfle et un roi de carreau, ainsi de suite.

*Troisième methode.* — Disposez les trente-deux
cartes par ordre de valeur, en commençant par
la plus forte, as, roi, dame, valet, dix, etc.., les
quatre couleurs l'une après l'autre, quatre as,
quatre rois, etc..

7

Puis, sans battre les cartes, coupez ou faites couper sept fois de suite. Retournez les cartes deux par deux, telles qu'elles se trouvent. Elles doivent venir constamment par deux équivalentes, deux neuf, deux rois, deux valets, etc .., et alors la réussite est complète : sinon elle est manquee.

RÉUSSITE PAR LES COULEURS CONTRAIRES

*Première méthode.* — Vous coupez un jeu de piquet en deux parties égales, vous en choisissez un et vous dites rouge, par exemple Vous relevez le paquet et vous comptez les rouges. S'il y en a plus que de noires, c'est bon signe. Vous pouvez aussi prendre dans la main tout le jeu et nommer les cartes une à une, en disant : rouge ou noire On met de côté celles qu'on a désignées, et, si leur nombre excède celui des autres, c'est encore bon signe. Enfin, si on veut voir ses projets réussir, on coupe en deux parties à peu près égales le jeu et on cherche dans le paquet choisi, si on peut composer une dix-huitième, à couleurs contraires Alors c'est réussi.

La dix-huitième se compose de huit cartes commençant par l'as et finissant par le sept. Pour réussir, on doit avoir as de pique, roi de cœur, dame de trèfle, valet de carreau, dix de pique, neuf de cœur, huit de trèfle, sept de carreau.

Mais cette méthode n'est qu'un jeu de hasard Passons à la deuxième qui demande une certaine étude des combinaisons.

*Deuxième méthode.* — Vous étalez vos trente-deux cartes, une par une ; vous faites quatre rangées de sept et la dernière de quatre. Les cartes doivent être les unes sur le pied des autres, de manière qu'on les voie bien et qu'elles soient alignées en long et en large.

Vous étudiez bien d'abord la place de vos couleurs et vous placez les couleurs rouges sur les couleurs noires ; chaque carte conserve sa valeur, c'est-à-dire que sur un roi se place la dame, sur le valet le dix, sur le dix le neuf, sur le neuf le huit et sur le huit le sept, quand on tombe sur un as, on l'enlève. Puis toutes les cartes s'enlèvent en commençant par le sept, successivement jusqu'au roi. Chaque carte enlevée est placée sur son as correspondant et, quand chaque couleur est complète, la réussite est achevée.

Supposons notre jeu disposé, comme le tableau de la page suivante :

Du premier coup d'œil, on voit qu'on peut ôter l'as de trèfle. Son sept et son huit le suivent. L'as de pique et l'as de carreau, étant découverts, sortent aussi. Le sept de carreau va avec son as Marions en sens contraire les couleurs qui nous restent : le neuf de cœur va sur le dix de pique, le huit de pique sur le neuf de cœur. Il nous reste donc en première ligne  Valet de trèfle, huit de pique, dame de carreau, valet de cœur, dame de trèfle, valet de pique, roi de carreau.

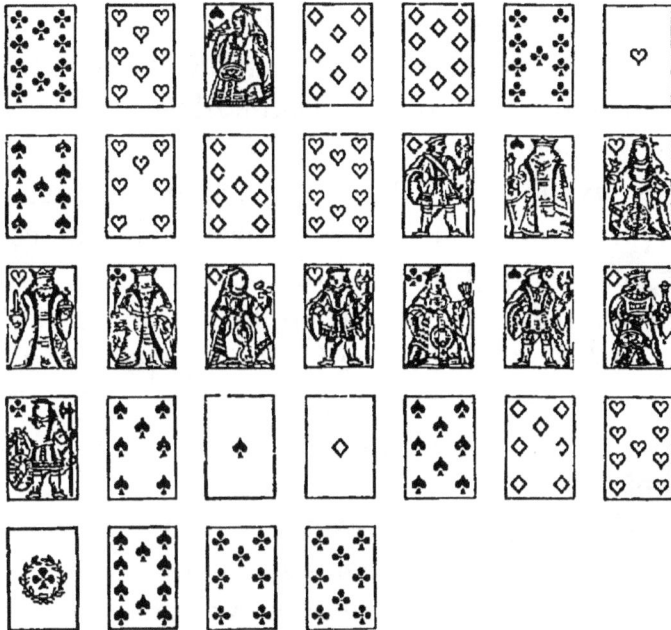

Patiences par couleurs contraires.

Continuons à marier les couleurs differentes. La dame de trèfle ira sur le roi de carreau, le valet de carreau sur la dame de trèfle, le dix de carreau sur le valet de trèfle.

Nous avons une case libre. Or il ne faut pas oublier qu'on doit toujours avoir sept cartes sur la première ligne. Portons le valet de cœur à cette case libre. Le dix de cœur dégagé va sur le valet de pique. Le huit de carreau sort. Autre case libre que je comble avec la dame de carreau.

Le neuf de carreau sort Le valet de cœur mis sur la dame de pique laisse une case libre Mais le dix et le valet de carreau sortent. Le valet de trefle va sur la dame de carreau et le roi de cœur a la case libre.

Mettons le valet de cœur sur la dame de trèfle, et la dame de pique, devenue libre, pourra aller sur le roi de cœur.

Nouvelle case libre, comblée par le neuf de pique. Le dix de trèfle va sur le valet de cœur, le neuf de pique sur le dix de cœur Donc, deux cases libres. Le huit de pique à l'une, le neuf de cœur à l'autre ; puis le huit de pique va sur le neuf de cœur, laissant une case libre prise par le dix de pique. Les sept, huit, neuf et dix de pique vont sur leur as.

Mettons le neuf de cœur et le dix de trèfle aux cases libres, valet de cœur sur dame de pique, dix de trèfle et neuf de cœur sur valet de cœur.

Nos cases libres sont prises par le roi et le valet de trèfle. La dame de carreau ira sur le roi de trèfle, et le valet de trèfle sur la dame de carreau.

Le roi de carreau et la dame de trèfle sortent et ne prennent qu'une case, en allant l'un sur l'autre. La dame de cœur, par conséquent, prend la dernière case libre. Et alors disparaissent l'as, le sept, le huit, le neuf et le dix de cœur ; ce qui permet de faire une case avec le roi de pique, la dame de cœur et le valet de pique.

Neuf, dix, valet et dame de trèfle sortent, puis

les autres valets et les autres dames. Il ne reste
que les quatre rois. La réussite est faite.

En suivant bien attentivement, on comprendra le mécanisme de cette réussite très séduisante,
mais aussi très difficile. Il faut l'étudier, car il y a
beaucoup de combinaisons. On doit bien voir
non seulement quelle est la carte à changer de
place, mais encore celle qui viendra après, surtout
quand on a le choix; cette petite étude fait que le
hasard n'est pas le seul maître de la réussite.

*Troisième méthode.* — Mêmes règles. Les moyens
changent  On ne joue plus à cartes découvertes.
Sur 32 cartes, il n'y en a que sept retournées.

Voici comment on opère :

On met sur la table sept cartes, une par une. La
première est retournée. On met six cartes sur les
six autres et on retourne la première du deuxième
paquet. On met cinq cartes sur les cinq autres
paquets et on retourne la première du troisième
paquet, ainsi de suite, en sorte qu'on a au quatrième paquet quatre cartes, au cinquième cinq,
au sixième six, au septième sept ; chaque première carte du paquet étant retournée, et les autres la face contre la table, on n'a donc que sept
cartes visibles.

Il en reste quatre pour la réserve qu'on met de
côté, sans les regarder.

Comme cette réussite est encore plus difficile
que la précédente, nous allons donner un exemple :

Supposons que nos cartes visibles soient, dans
cet ordre :

As de carreau, valet de pique, valet de carreau, neuf de carreau, huit de pique, roi de carreau, dame de trèfle.

L'as de carreau sortant, il nous reste une case, à laquelle nous mettons le roi de carreau et, sur le roi de carreau, la dame de trèfle. Nous retournons les deux premières cartes du paquet sur lequel étaient ces deux dernières cartes, ce sont l'as de cœur et le sept de trèfle. L'as de cœur sortant, je retourne la carte qui le suit. C'est l'as de trèfle qui sort et son sept avec.

Retournons les cartes aux paquets qui n'en ont plus de retournées. Ce sont les dix de pique et dame de cœur.

En combinant nos couleurs, nous aurons valet de carreau sur dame de trèfle, dix de pique sur valet de carreau, neuf de carreau sur dix de pique, huit de pique sur neuf de carreau.

Retournons les cartes des paquets qui n'en ont plus de visibles. Nous nous trouvons en face des premières cartes suivantes : huit de pique, valet de pique, dame de carreau, valet de trèfle, neuf de cœur, roi de trèfle, dame de cœur.

Poursuivons. Mettons le valet de trèfle sur la dame de carreau, la dame de cœur sur le roi de trèfle, le valet de pique sur la dame de cœur. Il nous vient, après le neuf de trèfle, le sept de cœur qui sort avec son huit et son neuf. En retournant, on trouve le neuf de pique, le sept de carreau, le huit de trèfle. Le sept de carreau et le huit et le neuf de trèfle sortent.

Qu'il nous vienne le dix et le valet de cœur, ils sortent encore. Mettons le neuf de pique a une case libre, retournons ensuite le huit de carreau et le dix de trefle, ces deux cartes sortent également, ainsi que le valet de trèfle.

Nous voici avec trois cases libres. Nos cartes de réserve vont les combler. Ce sont : l'as de pique et le sept de pique qui ne comptent pas, puisqu'ils sortent, le roi de cœur et la dame de pique, qui se placent l'un sur l'autre. Le huit et le neuf de pique sortent naturellement. Il nous reste encore deux cases libres. A l'une nous mettons la dame de carreau et nous retournons le roi de pique. Le valet et la dame de pique sortent.

Le reste va tout seul. On n'a plus que quatre rois.

Pour bien comprendre cette réussite, il faut la faire plusieurs fois avec les cartes que nous indiquons, et, pour être plus précis, nous allons donner la composition de chaque paquet :

*Premier paquet.* Une carte as de carreau (*découvert*).

*Deuxième paquet.* Deux cartes : valet de pique (*découvert*), neuf de trefle (*caché*).

*Troisième paquet.* Trois cartes : valet de carreau (*découvert*), dame de carreau, roi de pique (*cachés*).

*Quatrième paquet.* Quatre cartes : neuf de carreau (*découvert*), valet de trèfle, sept de cœur, huit de trèfle (*caches*).

*Cinquième paquet.* Cinq cartes : huit de pique

(*découvert*), neuf de cœur, sept de carreau, dix de cœur, valet de cœur (*cachés*)

*Sixième paquet.* Six cartes : roi de carreau (*découvert*), as de cœur, as de trèfle, dix de pique, roi de trèfle, dix de carreau (*cachés*).

*Septième paquet.* Sept cartes : dame de trèfle (*découverte*), sept de trèfle, dame de cœur, huit de cœur, neuf de pique, huit de carreau et dix de trèfle (*cachés*)

*Cartes de réserve.* As de pique, sept de pique, roi de cœur, dame de pique.

On peut encore faire six paquets de quatre, et quatre de deux, retourner la première carte de chaque paquet et opérer comme pour la précedente réussite. Seulement, on ne mélange pas les couleurs.

Nous terminerons ce chapitre des réussites par une dernière fort peu connue et très facile. En Bretagne, on l'appelle la patience du bon Dieu. Beaucoup de gens y ajoutent foi. Servez-vous-en. La voici :

On prend un jeu de 32 cartes qu'on mêle bien. On coupe et on distribue les cartes, une par une, en cinq paquets. Chaque paquet est de six, sauf les deux premiers qui sont de sept. On regarde la dernière carte tirée qui devient par conséquent la première du deuxième paquet. Supposons que ce soit le neuf de trèfle. C'est trèfle qui est votre couleur. Il ne doit vous rester absolument en main, à la fin de la réussite, que des trèfles; et, pour y arriver, vous enlevez du jeu toutes les cartes qui ne sont pas des trèfles, à la condition que ces cartes précèdent immédiatement un trèfle quelconque dans chaque paquet.

Exemple : Premier paquet, vous le retournez dans votre main et vous enlevez toutes les cartes qui ne sont pas des trèfles. Supposons que vous en tiriez trois et que vous soyez arrêté par le roi de trèfle. Vous n'avez plus que quatre cartes dans ce paquet. Mettez de côté les cartes retirées et conservez votre premier paquet dans les mains.

Sur ce premier paquet mettez le second. Supposons que vous retirez six cartes, il ne reste que le neuf de trèfle.

Sur ce neuf, mettez le troisième paquet. Celui-ci commence par le dix de trèfle, n'y touchons pas. Le suivant commence par la dame de trèfle, n'y touchons pas encore. Enfin le dernier paquet n'a pas un seul trèfle, nous l'enlevons tout entier. Il nous reste donc en main dix-neuf cartes.

Mêlez, recoupez et distribuez en *quatre* paquets. Faites comme la première fois Premier paquet, première carte un trèfle. Rien. Deuxième paquet, cinq cartes sans trèfle Enlevez-les. Troisième paquet, la première carte est un cœur, la deuxième un trèfle. Enlevez le cœur. Au quatrième, deux cartes avant un trèfle. Enlevez-les Il nous reste onze cartes.

Troisième coup. — On remêle, on coupe et on distribue les cartes en *trois* paquets, deux de quatre, un de trois ; nous relevons, et, comme la première carte est un trèfle, nous ne sortons rien.

Quatrième coup. — On mêle avec soin et on coupe. On distribue en *deux* paquets. Le premier a deux carreaux avant trèfle; nous les sortons. Le deuxième n'a rien, c'est un trèfle.

Il nous reste donc neuf cartes et il n'en faut que huit!

Mais nous avons encore un coup, le dernier, le bon. Nous mêlons bien nos cartes et nous coupons.

Nous regardons la dernière, c'est un trèfle. Nous tournons la première, c'est un pique. La réussite est bonne puisque les huit trèfles sont ensemble.

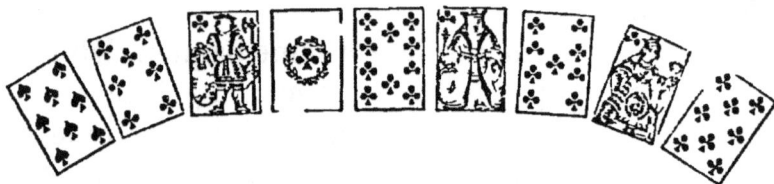

Cette réussite est très jolie, mais là il n'y a pas de combinaison, ce n'est que le hasard qui parle, c'est le seul guide. Il vous faut passer par des alternatives d'espoir et de désespoir qui ont bien leur charme.

Résumons La patience dite du bon Dieu se fait avec un jeu de trente-deux cartes. On fait cinq paquets la première fois et on diminue toujours d'un paquet jusqu'à la fin. Au dernier nécessairement, on n'en a plus qu'un.

Comme règle générale, on enlève des paquets toutes les cartes qui ne sont pas de la couleur choisie et qui se trouvent avant la première carte de cette couleur.

Pour réussir, il faut qu'il ne reste que les huit cartes de la couleur choisie, mais *ensemble*. Au dernier, il se peut qu'il vous reste quatorze cartes, mais, dans ces quatorze, les huit de la couleur sont ensemble, sans interruption. La réussite est faite.

C'est sans doute que le bon Dieu, qui a donné son nom à cette patience, a voulu être indulgent jusqu'au bout et n'a pas voulu la mort du pécheur, non, pardon, du joueur.

La patience du bon Dieu a plusieurs variantes. Nous n'en citerons qu'une seule dite : *L'Espérance*. Voici comment on procède.

On choisit sa couleur : Supposons carreau. Le jeu mêlé et coupé, on tire cinq fois trois cartes et on sort tous les carreaux qui y sont. On rebat les cartes, sauf les carreaux sortis, et on reprend l'opération deux fois de suite. Si les huit carreaux sont sortis, la réussite est faite. Espérez!....

Nous avons encore une série de patiences ou réussites qui, toutes, dérivent de celles que nous avons citées. Nous n'en donnerons que deux exemples pour ne pas lasser la patience et égarer le choix du lecteur ou de l'élève.

La MOISSON. Disposez vos cartes par rangées de huit, en comptant sept à la première posée, huit à la deuxième, neuf à la troisième. Après l'as, on recommencera a compter en partant de sept. Dès que la carte sortie est égale en valeur à la carte nommée, vous la relevez et la mettez à part Partant de la carte suivante, vous recommencez a

compter depuis sept et vous répétez jusqu'a ce
que toutes les cartes aient passé... si elles pas-
sent.

Mais elle est manquée du moment que la carte
nommée ne tombe pas sur une carte égale et que
vous aurez compté plusieurs fois, a partir de sept,
sans mettre une carte de côté.

LE MARIAGE. Sortez du jeu la dame et le roi de
cœur. Battez les cartes, coupez et placez le roi
sous le talon, comme dernière carte. La dame de
cœur se met sur la table. Ensuite, une à une, vous
tirez les cartes. Si la troisième sortie est une dame
ou un cœur, vous sortez la seconde carte. Pour
les autres couleurs, vous éloignez les cartes qui
se trouvent entre deux cartes de même valeur ou
de même couleur. Cela ne peut se faire que s'il y
a une carte ou deux entre les deux cartes égales.
S'il se trouvait entre elles trois ou quatre cartes,
on devrait les laisser.

Si, de cette manière, on réussit à faire sortir
toutes les cartes et que la dernière, le roi de cœur,
se trouve réunie à la première, la dame de cœur,
la patience est faite. Si, entre la dame et le Roi,
il reste une ou plusieurs cartes, la patience n'a pas
reussi.

Cette réussite se fait très bien avec un jeu de
whist, mieux qu'avec un jeu de piquet, où les
couleurs se distancent moins.

Recommandé à ceux qui cherchent à faire un
mariage.

CÉSAR OU LE CARRÉ MAGIQUE. Sortez d'un jeu de

whist neuf cartes, savoir : un as, un deux, un trois, un quatre, un cinq, un six, un sept, un huit et un neuf. De ces neuf cartes, faites trois rangées de trois cartes et cherchez à les disposer de manière que le nombre des points de trois cartes de chaque rangée, en lignes horizontale, verticale et oblique, donne toujours quinze. Il faut changer l'ordre des cartes jusqu'à ce qu'on ait obtenu ce résultat.

Cette patience toute moderne nous vient des Grecs. Comme les cartes n'étaient pas inventées, ils jouaient avec les nombres. Ainsi, par exemple, pour savoir quel serait le vainqueur de deux combattants, on calculait le nombre et la valeur des lettres composant leurs noms. Comme l'alphabet était divisé en décades, dans lesquelles certaines lettres etaient répétées plusieurs fois, on changeait les lettres de son nom en lettres numérales, ce qui formait des nombres de plusieurs chiffres. Le combattant dont le nom réunissait le nombre le plus fort devait triompher de son adversaire.

Pythagore fut le créateur de ces sortes de patiences numériques. La science a eu beau protester contre la valeur fatidique des nombres, on ne peut leur contester des propriétés singulières. Ainsi, on a observé que tous les multiples de 9 sont composés de chiffres dont la somme fait toujours 9 ($2 \times 9 = 18$ ou $1 + 8 = 9$ ; $9 \times 9 = 81$ et $8 + 1 = 9$ ; $13 \times 9 = 117$ et $1 + 1 + 7 = 9$). Une autre particularité, c'est que, si on renverse l'ordre des chiffres qui expriment un nombre, la différence du nombre direct et du nombre renversé est toujours un multiple de 9. Ainsi 53 — 35 = 18 ou 9 × 2 : 4781 — 1874 = 2907 ou 9 × 334.

Cette combinaison a fait naître l'idée des carrés magiques. Un exemple les fera comprendre, sans que nous les définissions. Distribuons les termes d'une progression par différence, tels que 1, 2, 3, 4, 5, 6, 7, 8, 9, 0 dans les cases du carré ci-dessous.

Dans tous les sens on trouve 18 au total

Or le carré magique de notre patience est le même que celui-là. Il suffit de jeter un coup d'œil sur le tableau de la page suivante.

Verticalement et obliquement, on a de même 15

Puisque nous sommes sur les chiffres, ajoutons qu'on peut se faire avec eux de très jolis jeux divinatoires. C'est plus gai et moins sot que le spiritisme ou les tables tournantes.

Nous donnerons un simple calcul pour exemple, afin de ne pas faire une trop longue infidélité aux

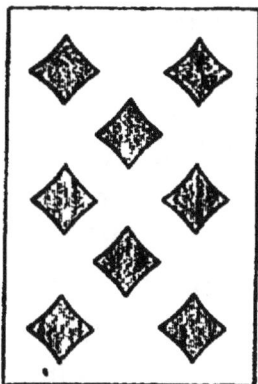  

15

  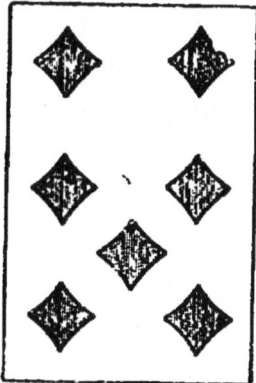

15

15

15 15 15

cartes. Les calculateurs prétendent avoir prédit l'année de la chute de Louis-Philippe. Pour nous, ce n'est pas une prédiction, c'est un très curieux calcul dont on peut se servir en l'appliquant a d'autres personnes. Voici ce calcul :

Louis-Philippe est né en 1773. Addition-nons $1 + 7 + 7 + 3$ et nous avons, en ajou-tant 1830 époque de son avènement, 1848!... Cela peut paraître étrange, mais les chiffres sont là.

Pour la reine Amelie, même pronostic. Née en 1782, mariée en 1809. Additionnez chaque chiffre de chacune de ces dates, c'est-à-dire 18, ajoutez-y 1830, et vous retombez sur le chiffre fatal de 1848.

On peut aussi se servir des cartes pour former des dates. En consultant le tableau d'Etteila, on trouvera leur valeur et on pourra, avec l'année de la naissance ou du mariage, former un pronostic.

Retournons à nos patiences et à nos réussites. Aussi bien nous avons epuisé les principales des jeux de piquet. Il nous faudra maintenant un jeu complet de 52 cartes.

La BAVARDE. — Même jeu que la moisson. Seu-lement, on commence par l'as et on compte les cartes sans les étaler. Mêmes règles.

Les onze. — On étale sur la table trois rangées de trois cartes, sans égard à la couleur ou à la po-sition. On regarde si deux de ces cartes donnent onze, comme sept et quatre, trois et huit, etc... Le roi, la dame et le valet, comptent chacun pour onze. On les sort, tout comme on sort deux cartes donnant onze. Les blancs sont remplis par de nouvelles cartes tirées du talon. Dès qu'il n'y a plus de cartes qui représentent le nombre voulu de onze, on peut tirer du talon une carte quelconque; mais, si cette dernière ne peut se combiner avec aucune de celles qui figurent sur la table pour faire le chiffre de onze, la patience est manquée.

ROBERT. — On tire une carte, la première du jeu qu'on a coupé C'est un valet, supposons. Si la deuxième est un dix, on la pose sur le valet, quelle que soit sa couleur. Si, par contre, ce n'est pas une carte qui suive en ligne ascendante ou descendante, on l'écarte pour former un talon. On épuise ainsi le jeu, sans s'occuper de la couleur.

Le talon est repris trois fois. Si, au bout de ces trois fois, on n'a plus de cartes à employer, la patience est manquée.

LES QUATRE COINS. — On fait quatre rangées de quatre cartes; aux quatre coins, on doit avoir quatre cartes de différentes couleurs, quelle que soit leur valeur. Ce sont les cartes principales, les autres ne sont qu'accessoires. Le talon se place sur la carte intermédiaire de la dernière rangée. Si l'une des cartes accessoires correspondait, en couleur et en ligne ascendante, à l'une des cartes principales des quatre coins, vous la transposeriez sur celle-ci, en remplissant le vide par la première carte du talon. Il en sera ainsi de toute carte qui, sortie du talon, correspondrait, en couleur et en ligne

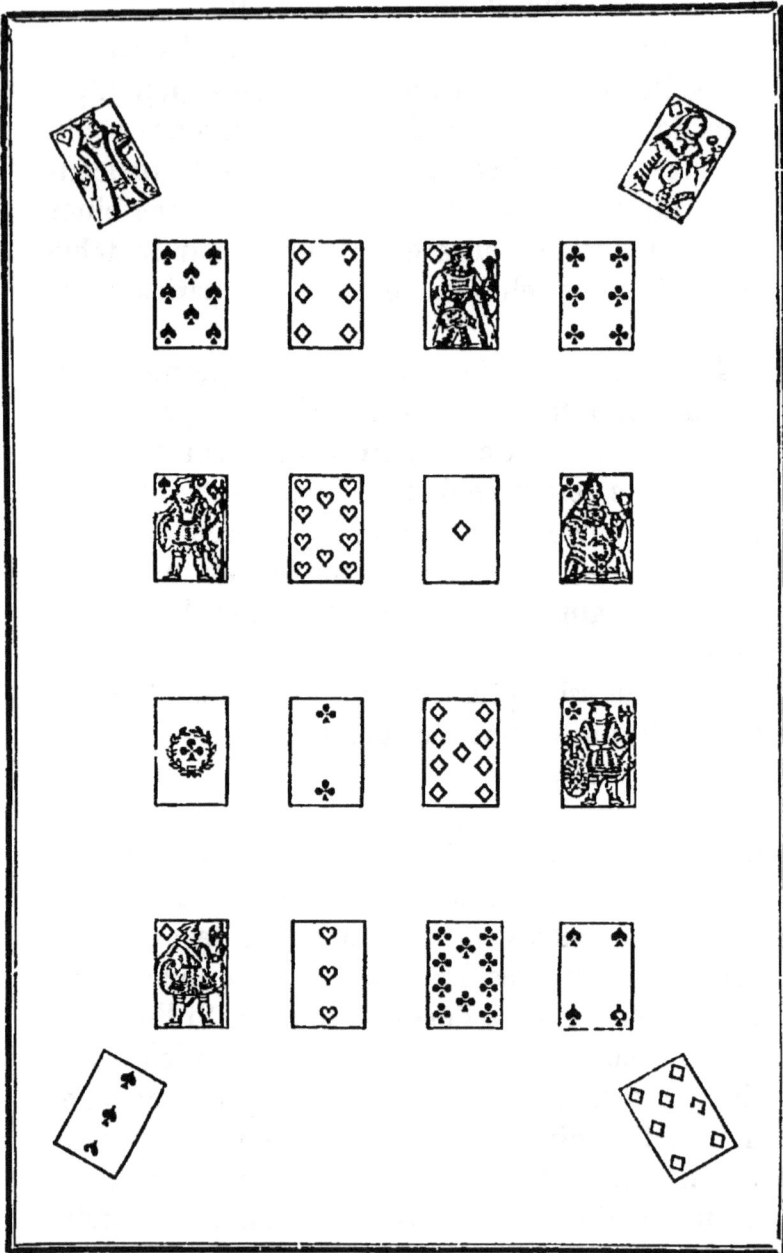

LE JEU DES QUATRE COINS — REUSSITE.

ascendante, à l'une des cartes des coins. Elle prendrait place sur celle-ci.

Le talon peut être repris trois fois. La patience est manquée, si toutes les cartes ne trouvent pas leur emploi.

Nous donnons ci-joint le tableau de cette réussite.

Comme on le voit, toutes ces patiences se ressemblent, à peu de chose près. Avec ces modèles, on peut s'en créer de nouvelles et les multiplier à l'infini.

Nous n'en donnerons plus qu'une qui, elle aussi, peut servir de type. Elle se fait à deux personnes, avec deux jeux de whist.

Chacun des deux joueurs est placé en face de l'autre, un jeu de whist à la main. Il étale treize cartes à gauche de la table, et, devant lui, fait une rangée de quatre autres cartes. Chaque joueur a donc, à sa gauche et devant lui, 17 cartes. Entre elles, est ménagé un espace suffisant pour mettre les huit as, qu'on place au fur et à mesure qu'ils sont tirés. Le premier tire, une à une, toutes les cartes de son jeu qu'il reporte sur les as de sa couleur, dans l'ordre ascendant, ou sur les cartes de réserve, dans l'ordre descendant. La première carte non placée forme le talon.

Le deuxième joueur en fait autant, mais il a le droit de mettre sur le talon commencé les cartes qui, en valeur et en couleur, ne correspondent pas aux as ou bien aux huit paquets de réserve; il peut les mettre aussi sur le talon de réserve de son partenaire, pourvu que la couleur concorde.

Dans le cours de la partie, ce droit passe au premier joueur. Il est très important car alors on augmente la réserve de son partenaire et on diminue la sienne. Or le gain de la partie appartient à celui qui aura écoulé toutes ses cartes. Les huit paquets de réserve sont reportés sur les as, dès qu'on peut les y mettre. A la place d'un paquet, le joueur qui a la main met la carte supérieure de son talon. On doit donc utiliser d'abord les cartes du paquet de réserve, tant pour la ligne des as que pour celle des huit paquets de réserve.

Le talon se relève tant que la partie dure. Cependant l'un des joueurs doit laisser le sien sur la table jusqu'à ce que son partenaire n'ait plus de cartes à employer. Ainsi de suite jusqu'à la fin.

On peut encore opérer plus simplement. Le premier joueur tourne une carte, soit un sept. Les deux joueurs posent, comme cartes normales, tous leurs sept, à mesure qu'ils les sortent. Sur ces sept, se réuniront, en marche ascendante, les mêmes couleurs jusqu'au roi, à l'as ; puis viendront les deux, trois, quatre, cinq et six. Quand le joueur tourne une carte qu'il ne peut utiliser, il en forme son talon.

Le second joueur, quand c'est son tour, étale ses cartes, une à une, et les place sur les paquets concordants, mais le joueur qui a la passe a le droit de charger le talon de son partenaire de toutes les cartes qu'il n'utilise pas, sans égard à la couleur, pourvu que la carte concorde en valeur descendante ou ascendante. Il s'efforce ainsi de grossir le talon de son adversaire, puisque le but est d'avoir le premier épuisé son jeu.

Enfin, on peut opérer de la manière suivante. Les deux joueurs font seize paquets de trois cartes couvertes, en quatre rangées de quatre. Le talon est mis au-dessous. Ce sont les cartes de grâce. Le premier retourne la première carte de chaque paquet. L'adversaire en fait autant et nomme chaque carte retournée. Si le premier trouve dans son jeu la carte équivalente, ces deux cartes sont écartées. Il est évident que le premier joueur a plusieurs cartes couvertes, quand le deuxième a épuisé la liste. Il retourne ses cartes en les nommant et le second joueur fait alors ce qu'a fait le premier. On poursuit, chacun à son tour, jusqu'à ce que tout écart soit devenu impossible, et, dans ce cas, on a recours aux cartes de grâce qu'on retourne l'une après l'autre.

Quand toutes les cartes vont de pair, la patience est réussie.

Nous terminons là cette nomenclature des réussites. Elles sortent un peu du sentier de la divination et ne se rattachent que très indirectement à la cartomancie pure, mais elles ne sont pas à dédaigner quand on a la foi et qu'on est, sinon superstitieux, du moins facile à s'en remettre au hasard et aux pressentiments. Que de fois ne s'est-on pas dit : Si je rencontre telle personne, si je vois telle chose, si je touche tel objet, il m'arrivera

bonheur ou malheur. Et que de fois aussi le hasard
vous a fait rencontrer juste !...

Que ces patiences remplacent le hasard, et, si
vous ne vous en servez pas pour deviner l'avenir,
elles serviront du moins à vous distraire !...

# DEUXIEME PARTIE

---

## CHAPITRE PREMIER

### LE GRAND JEU

On appelle *grand jeu* la consultation des cartes qui se fait a l'aide du jeu de *Tarots* ou du grand Livre de Thot, de la tradition egyptienne

Cependant, a la rigueur, on peut se faire une sorte de grand jeu avec le jeu complet de cinquante-deux cartes. Seulement, si on veut que la consultation soit complète et sérieuse, il faut y ajouter les vingt-six cartes qui manquent au moyen de feuilles de papier collées sur des cartes ordinaires et portant les numéros indicateurs des tarots, ainsi que leur désignation et leur sens prophetique.

Voici les soixante-dix-huit tarots expliqués avec la carte du jeu qui correspond; c'est la clef de toutes les revélations du passé et du présent, de toutes les interprétations de l'avenir

N° 1. Le Roi Thot, c'est-a-dire le consultant

Droit (1), signifie : vertu, bonté, prudence, sagesse, modestie. —Renversé : génie, talent, esprit, imagination.

N° 2. La Lumière, ou Osiris.

Droit : générosité, aptitude particulière a debrouiller les mauvaises affaires — Renverse : discordes, ennuis, colère, tristesse

N° 3. Les Plantes.

Droit : bonheur et succès dans les entreprises. — Renversé : trahison, médisances, calomnies, mauvaise chance.

N° 4. Le Ciel

Droit : clarté, intelligence, fortune. — Renversé : savoir, intelligence, perspicacité.

N° 5. L'Homme et les Animaux.

Droit : succès et faveurs — Renversé : fâcheuses complications.

N° 6. Les Astres

Droit : longue vie, mariage. — Renversé : intrigues ténébreuses.

N° 7. Les Oiseaux et les Poissons.

Droit : appui des grands et des chefs, bonnes affaires , grand mariage. — Renversé : réussite dans les entreprises.

N° 8. Repos, c'est-à-dire la consultante.

Carte très favorable qui n'a de sens que suivant la place qu'elle occupe. Elle ajoute au sens des cartes voisines et force le caractère de la prophétie.

N° 9. La Justice.

(1) Pour les n°* droits ou renversés, voir le nota de la page 72.

8

Droit : équité en justice. — Renversé : procès et discussions.

N° 10. — La Tempérance.

Droit : santé, se défier de son intempérance — Renversé : vous annonce l'intervention d'un prêtre dans les affaires de votre famille, baptême, mariage, maladie ou mort, suivant le cas.

N° 11. La Force.

Droit : force physique et morale. — Renversé . défiez-vous des puissants et des forts.

N° 12. La Prudence.

Droit : prudence et circonspection. — Renversé : discussions et querelles.

N° 13. Le Grand Prêtre. — Droit : mariage, union. — Renversé : mariages manqués.

N° 14. Le Diable. — Carte néfaste. — Droite ou renversée, elle vous annonce que le diable se mêle de vos affaires.

N° 15. Le Magicien ou le faux devin.

Droit : maladie ou mélancolie. — Renversé : mauvais ménage.

N° 16. Le Jugement dernier.

Droit : jugement ou gain de procès. — Renverse : perte de procès.

N° 17. La Mort. — Carte détestable donnant un mauvais sens à toutes les cartes dont elle est voisine.

N° 18. Le Capucin. — Fort mauvaise carte.

Droit : ruse et hypocrisie, brouilles et persécutions. — Renversé : félonie.

N° 19. Le Temple foudroyé. — Néfaste au suprême degré.

Droit : misère, catastrophe, prison. — Renversé : même sens, mais plus fort ; naufrage, mort, condamnation.

N° 20. La roue de Fortune. — Le plus avantageux de tous les tarots.

Droit : fortune, dignités. — Renversé : augmentation de richesses. Cette carte jouit d'une si bonne renommée qu'elle corrige les fâcheux présages des cartes qui l'environnent.

N° 21. Le Despote africain.

Droit : dissension ou tyrannie. — Renverse . arrogance et mauvais caractère.

N° 22. Jupiter Ammon. — Correspond au *roi de carreau*.

Droit : savoir et intelligence. — Renversé : conseils sages et utiles.

N° 23. Pythie de l'oracle de Claros — *La dame de carreau.*

Droit : richesse ou cupidité. — Renversé : obstacles ou hésitation.

N° 24. Le Chevalier de bâton.

Droit : départ ou disgrâce. — Renversé : discussion ou querelle.

N° 25. Odin l'enchanteur — *Le valet de carreau.*

Droit : bonnes nouvelles ou mariage. — Renversé : mauvaises nouvelles.

N° 26. Le Sommeil. — *Le dix de carreau.*

Droit : ruses perfides. — Renversé : lutte et réussite.

**N° 27. Momus ou le rire.** — *Le neuf de carreau.*

Droit : retard. — Renversé : contra-riétes, traverses.

**N° 28. Les Hesperides.** — *Le huit de carreau.*

Droit : partie de campagne. — Renverse : querelles intestines.

**N° 29. La Terre.** — *Le sept de carreau.*

Droit : pourparler ou chance de réussite — Renversé : incertitude, perplexité.

**N° 30. Les Monts** — *Le six de carreau.*

Droit : domestique. — Renversé : attente ou infidélité.

**N° 31. Uranus.** — *Le cinq de carreau.*

Droit : or ou grandeurs. — Renversé : procès ou inquiétudes.

**N° 32. L'Océan.** — *Le quatre de carreau.*

Droit : société ou amitié. — Renversé : prospérité.

**N° 33. Le Tartare.** — *Le trois de carreau.*

Droit : spéculation, commerce — Renverse : consolation et joie.

**N° 34. Le Chaos.** — *Le deux de carreau.*

Droit : chagrin. — Renversé : surprise.

**N° 35. L'Amour.** — *L'as de carreau.*

Droit : chute ou catastrophe. — Renversé : naissance, postérité.

Nº 36. Membrès, magicien de Pharaon. — *Le roi de cœur.*

Droit : homme blond. — Renverse : homme en place.

Nº 37. Diane d'Éphèse. *La dame de cœur*

Droit : femme blonde. — Renversé : femme d'un homme en place.

Nº 38 Le surintendant du palais de Memphis. Droit : arrivée. — Renverse : friponnerie.

Nº 39. Pan, l'oracle d'Arcadie. — *Le valet de cœur.*

Droit : jeune homme blond. — Renversé : penchant.

Nº 40. La Nuit. — *Le dix de cœur.*

Droit : richesse, importance. — Renversé : courroux ou dispute.

Nº 41. Le Jour. — *Le neuf de cœur.*

Droit : victoire ou réussite. — Renversé : sincérité.

Nº 42. Le Destin. — *Le huit de cœur.*

Droit : fille blonde ou amitié, bonnes nouvelles d'un ami, amours heureuses et prospères. — Renversé : satisfaction.

Nº 43. Chilon, l'un des sept sages de la Grèce. — *Le sept de cœur.*

Droit : la pensée ou les sentiments. — Renversé : projets ou volonté.

Nº 44. Pittacus, l'un des sept sages de la Grèce. — *Le six de cœur.*

Droit : le passé ou les souvenirs. — Renversé : l'avenir et la postérité.

8

N° 45. Thalès de Milet, l'un des sept sages de la Grèce. — *Le cinq de cœur.*

Droit : héritage ou succès. — Renversé : parents.

N° 46. Cléobule, l'un des sept sages de la Grèce. — *Le quatre de cœur.*

Droit : ennui, fâcheux entourage — Renversé : nouvelles connaissances

N° 47. Périandre, l'un des sept sages de la Grèce — *Le trois de cœur.*

Droit : réussite — Renversé : expédition d'affaires ou guérison.

N° 48 Bias, l'un des sept sages de la Grèce. — *Le deux de cœur.*

Droit : amour ou passion. — Renverse · désirs, volonte, ou amitié.

N° 49. Solon, l'un des sept sages de la Grèce. — *L'as de cœur.*

Droit : loi, volonté inflexible, confirme d'une façon absolue les présages des cartes voisines — Renversé : changement Ayez foi dans vos rêves.

N° 50. David, roi des Juifs — *Le roi de pique.*

Droit : homme de robe — Renversé : homme méchant.

N° 51. Religion égyptienne. Nephtis. — *La dame de pique.*

Droit : veuvage. — Renverse : méchante femme.

N° 52. Le Surintendant de la cavalerie

Pas de sens précis à cette carte. Elle indique qu'on aura affaire à des militaires. — Renversé, elle veut dire : ignorance.

N° 53. Religion égyptienne. Typhon — *Le valet de pique.*

Droit : espion — Renversé : imprévoyance

N° 54 Les Peines divines *Le dix de pique*

Droit : pleurs — Renversé : grands avantages

N° 55. La Discorde — *Le neuf de pique,* carte sinistre et de mauvais augure.

Droit : ecclésiastique. — Renverse : juste défiance.

N° 56. La Fatigue. — *Le huit de pique.*

Droit : critique, mystification. — Renversé : départ précipité.

N° 57. La Gourmandise. — *Le sept de pique* (bonne carte).

Droit : espérance. — Renversé : sages avis.

N° 58. L'Envie. — *Le six de pique.*

Droit : route. — Renversé : déclaration.

N° 59. L'Avarice. — *Le cinq de pique* (mauvaise carte).

Droit : perte. — Renverse : deuil. En général, méfiance.

N° 60. La Paresse. — *Le quatre de pique,* mauvaise carte. Si elle sort la première, elle vous prédit que vous pourriez entrer en religion.

Droit : solitude. — Renversé : économie.

**N° 61. La Colère.** — *Le trois de pique.*

Droit : éloignement. — Renversé : égarement.

**N° 62. L'Orgueil.** — *Le deux de pique.*

Droit : amitié. — Renversé : fausse amitié.

**N° 63. La Luxure.** — *L'as de pique.*

D'un sens très obscur, cette carte ajoute le mot *extrême* aux prophéties des cartes avoisinantes. — Renversée, elle annonce une grossesse pour une femme mariée et une faute pour une jeune fille.

**N° 64. Nemrod.** — *Le roi de trèfle.*

Droit : homme de bien. — Renversé : homme vicieux.

**N° 65. Sémiramis.** — *La dame de trèfle.*

Droit : femme brune. — Renversé : mal certain.

**N° 66. Joseph, ministre de Pharaon.**

Droit : Découvertes utiles. — Renversé : paresse et insouciance.

**N° 67. Cécrops, fondateur d'Athènes.** — *Le valet de trèfle.*

Droit : garçon brun. — Renversé : prodigalité.

**N° 68. Les Douleurs.** — *Le dix de trèfle.*
N'emprunte un sens qu'aux cartes voisines.

Droit : la maison. — Renversé : jeu de hasard.

N° 69. Les Meurtres. — *Le neuf de trèfle*. Annonce le rapide effet des prédictions indiquées par ses voisines. — Renversé : duperies.

N° 70. Les Batailles — *Le huit de trefle*.
Droit : fille brune. — Renversé : usure.

N° 71. Chus, fils de Cham, père des Arabes — *Le sept de trèfle*.
Droit : agent — Renversé : inquiétude ou application.

N° 72. Élam, fils de Sem, père des Persans. — *Le six de trèfle*.
Droit : le présent. — Renversé : ambition, cupidité.

N° 73 Héber, père des Hebreux. — *Le cinq de trèfle*.
Droit : amant, amante — Renversé : manque d'ordre.

N° 74 Javan ou Jon, fils de Japhet, père des Grecs. — *Le quatre de trèfle*.
Droit : un présent ou service. — Renversé : clôture, emprisonnement, obstacles divers

N° 75. Gomer, père des Gallois ou des Celtes. — *Le trois de trèfle*.
Droit : noble ou consideration. — Renversé : enfant ou frivolité.

N° 76. Zoroastre, grand prêtre des mages. — *Le deux de trèfle*.
Droit : embarras ou trouble. — Renversé : lettre ou ecrit.

N° 77  Hellen, fils de Deucalion, père des Hellènes. — *L'as de trèfle.*

La plus favorable des cartes, signe éclatant de bonheur. — Renversé : bourse d'or ou d'argent.

N° 78  La Folie.

Droit : folie ou enthousiasme. — Renversé : folie ou ineptie.

Maintenant nous allons faire le grand jeu au moyen de ces données, en supposant qu'on a remplacé les vingt-six tarots qui manquent au jeu de cinquante-deux cartes.

On bat et on fait couper de la main gauche, puis on compte quarante-deux cartes qui sont réparties comme suit :

Six tas de sept cartes, de droite à gauche. Chaque tas est relevé dans l'ordre où il a été mis, et les sept cartes sont étalées de droite à gauche : 7, 6, 5, 4, 3, 2, 1. Les cartes sont superposées à mesure qu'elles sont relevées, de manière à obtenir en long sept nouveaux tas de six cartes chacun.

On relève la première carte de chacun de ces sept tas, on bat ces sept cartes et, en les retournant, vous les distribuez sur une ligne horizontale de droite à gauche  On retourne ensuite deux cartes de chaque tas et on forme avec ces quatorze cartes deux lignes au-dessous de la première.

Enfin, on bat le reste des cartes, soit vingt et une et on les distribue en trois nouvelles lignes sous les trois premières.

Le tableau représente donc un parallélogramme composé de six rangées horizontales composées de sept cartes chacune.

Si le n° 1, pour le consultant, ou le n° 8 pour la consultante n'est pas sorti, on le cherche parmi les 36 cartes restantes et on le place en tête du tableau. Si ce numéro est dans le tableau, on l'enlève et on le remplace par une carte tirée au hasard dans les trente-six, qui, dans tous les cas, se trouvent réduites a trente-cinq.

La lecture se fait de droite a gauche, carte par carte.

Quand cette première lecture est faite, on bat les trente-cinq cartes qui restent et on les divise en six tas, de droite a gauche :

Le premier tas, 7 cartes : pour la maison ; le deuxième, 6 cartes : pour une tierce personne qui le demande ; le troisième, 5 cartes : pour le dehors ; le quatrième, 4 cartes : pour la surprise ; le cinquième, 2 cartes : comme fiche de consolation ; et le sixième, 11 cartes : sans importance, comme conclusion de l'oracle.

On peut aussi les étaler comme les premières et en faire la lecture de droite à gauche.

Si vous voulez joindre l'exemple au précepte, nous pouvons, comme nous l'avons déjà fait, nous tirer les cartes au moyen du grand jeu.

On remarquera que, le jeu entier étant étalé une première fois avec les 42 cartes, une deuxième fois avec les 35 restant, ce n'est plus que par la place qu'occupent les cartes qu'on peut arriver à un pronostic raisonnablement juste. Il faut donc une grande habileté jointe à une minutieuse attention pour forcer l'oracle à nous dévoiler ses mystères. L'esprit et l'imagination ont toute latitude.

Nous supposons que c'est une jeune fille qui consulte. De plus nous serons censés avoir tiré toutes nos cartes droites ; nous marquerons seulement, dans certains passages, ce que la carte aurait pu dire si elle eût été renversée.

Voici notre parallélogramme formé, après la double opération que nous avons indiquée

| 78 | 3 | 13 | 20 | 61 | 16 | 76 |
|----|----|----|----|----|----|----|
| 7 | 39 | 2 | 11 | 57 | 18 | 70 |
| 21 | 74 | 8 | 9 | 17 | 4 | 0 |
| 51 | 22 | 35 | 37 | 23 | 26 | 50 |
| 5 | 15 | 67 | 54 | 47 | 48 | 33 |
| 32 | 36 | 48 | 63 | 42 | 24 | 49 |

Le n° 8, la consultante, est sorti. Voyons d'abord de quelles cartes il est entouré : 74 un cadeau, 9 fait en toute justice, donc cadeau mérité. Le 2 et le 35 indiquent d'un côté la générosité et de l'autre une chute. Comment expliquer cette carte sans froisser la consultante? D'une manière bien simple : se méfier des cadeaux qu'on pourrait vous faire. Accepter sans les payer trop cher.

Mais en jetant un coup d'œil sur les autres n°, on voit ensemble les 36, 48, 63, signes infaillibles de mariage. Le n° 35 s'explique de lui-même.

Otons le 8, mettons-le en tête du tableau et remplaçons le par une carte tirée au hasard. C'est le n° 1, c'est-à-dire Etteila, une des meilleures cartes du jeu. La jeune consultante ne pouvait mieux *tomber*.

Lisons de droite à gauche la *première ligne :* Agitation d'esprit, gain de procès, éloignements, succès, mariage, bonheur, folie. « Vous êtes troublée par un mariage qui réussira, bien que vous n'aimiez pas celui qu'on vous destine. Mais la est le bonheur, ce serait folie de ne pas être heureuse. »

*Deuxième ligne :* fille brune, ruse, espérances, force, générosité. Jeune homme blond, grand mariage.

« C'est une brune qui par ses ruses a trompé vos espérances. Mais vous aurez assez de grandeur d'âme pour lui abandonner le jeune homme blond avec lequel vous comptiez vous marier.

*Troisième ligne :* mariage, fortune, mort, justice, succès, présent, dissension.

« Décidement ce mariage vous donne la fortune. Abstenez-vous de songer à autre chose (17 et 9) ou bien le succès qu'on vous offre infaillible échouerait dans de graves dissensions. »

*Quatrième ligne :* homme de loi, perfidie, cupidité, femme blonde, chute, intelligence, veuvage

« Il y a près de vous un homme perfide et cupide, qui a séduit une jeune fille. Il vous trompe. Soyez assez intelligente pour ne pas vous marier avec celui-là. »

9

*Cinquième ligne :* spéculation, passion, réussite, pleurs, garçon brun, mélancolie, faveurs.

« Votre amour pour un garçon brun vous causera bien des pleurs, lui-même est mélancolique ; mais le n° 5 vous prédit à tous deux la fin de vos ennuis. »

*Sixième ligne :* volonté inflexible, départ, amitié extrême. Amour, homme blond, société.

« Une volonté inflexible vous séparera de celui que vous aimez tant En vous mariant avec un blond, vous trouverez l'amour. »

Conclusions à tirer : « Vous vous marierez avec celui que vos parents vous choisissent et non avec celui que votre cœur a choisi. Il y aura beaucoup de pleurs. Il y aurait même du danger pour votre honneur, si le dépit ne s'en mêlait. Mais vous serez heureuse et vous retrouverez l'amour dans le mariage.

Le sens ne changerait guère, si certaines cartes étaient renversées. Ainsi, le 5 serait renversé, au lieu d'annoncer la fin des ennuis, il annoncerait au contraire un chagrin cuisant. Le sens de la ligne serait ainsi plus complet.

Le n° 57 renversé indiquerait qu'on a eu tort de ne pas se méfier de la fille brune ; le 39, obstacle a ses amours. C'est donc toujours la brune qui fait obstacle En effet, puisqu'elle épouse le jeune blond.

Ainsi des autres, on peut en faire l'expérience.

Nous nous bornerons à cet exemple, l'intelligence du lecteur se chargera de suppleer aux sous-entendus.

Comme nous l'avons dit, on peut se tirer le grand jeu avec les cinquante-deux cartes ordinaires, même sans remplacer les vingt-six tarots manquants. Il suffira d'étendre le sens de la carte qui approchera le plus du numéro dont on n'aura pas la signification.

On peut aussi, toutes les fois qu'on a tiré deux cartes, laisser une place vacante pour un des numéros qui manquent. Enfin, dernière ressource, on n'a qu'a faire un grand tableau des soixante-dix-huit tarots et placer sur chaque case la carte tirée.

Ceci n'est qu'un amusement auquel la cartomancie proprement dite n'a rien a voir.

# CHAPITRE II

## EXPLICATION DES SONGES PAR LES CARTES

Croyez-vous aux songes ? Oui ! Lisez ce chapitre ; sinon, n'en faites, comme pour le reste, qu'une distraction d'esprit.

De tous temps, l'homme a cru aux rêves. Rien d'étonnant à cela. On s'endort sur une idée et l'âme qui veille, pendant que le corps repose, reprend cette idée, la travaille, la développe et en fait une réalité. Libre à vous, au réveil, de suivre les conseils de votre âme.

Le songe n'est donc pas l'avenir dévoilé, ce n'en est que le pressentiment ; mais qui ne sait que, dans la vie, on pressent souvent le mal ou le bien qui doivent vous arriver ? Croire aux pressentiments n'est pas de la superstition, c'est une confiance secrète dans cette âme qui veille en vous, vous prévient, et vous force à regarder au delà du monde où vous êtes de passage. Le rêve, c'est l'autre monde quelquefois, mais toujours avec les erreurs, les fautes, les douleurs, les tracas de celui-ci.

Tout songe, tout mensonge, dit le proverbe, mais je crois que c'est le proverbe qui ment. Les rêves, sans être la vérité vraie, ont toujours donné des conseils, à défaut de pronostics.

Du reste, l'usage de la divination au moyen de l'interprétation des songes remonte à la plus haute antiquité. L'Écriture sainte en fait foi. Joseph expliquant au Pharaon d'Égypte, Daniel a Nabuchodonosor, les songes qu'ont faits ces souverains, sont les premiers sorciers connus. Les Grecs et les Romains ont écrit des traités sur cette science, et Cicéron, l'austère ami de Caton, n'a pas dédaigné de raconter en détail l'anecdote suivante.

Deux Arcadiens arrivent ensemble à Niégase, l'un couche dans une hôtellerie, l'autre va demander l'hospitalité à un de ses amis.

A peine endormi, ce dernier voit en songe son compagnon de voyage qui le supplie de lui venir en aide contre l'hôtelier qui le menace de l'égorger. Le rêveur, éveillé en sursaut, se lève, s'habille et court à l'hôtellerie ; mais, en route, il réfléchit et, trouvant sa démarche ridicule, il revient sur ses pas et va se recoucher, n'osant pas s'en remettre à la foi d'un songe, pour réveiller dans la nuit des gens qui, sans doute, dorment paisiblement.

Dès qu'il est endormi, nouveau rêve. C'est son ami, blessé, ensanglanté, mourant, qui lui crie : « Puisque tu as eu honte de venir à mon secours, quand il en était temps encore, venge du moins ma mort. L'hôtelier est mon assassin. Pour cacher son forfait, il a enfoui mon corps coupé en morceaux au fond d'une charrette de fumier qu'il va jeter aux portes de la ville. »

Cette fois, l'Arcadien saute du lit, s'habille à la hâte et se précipite vers la porte de la ville. Comme il y arrivait, l'hôtelier déchargeait son fumier, dans lequel furent retrouvés les morceaux du cadavre. Séance tenante, l'assassin fut livré a la justice

N'en déplaise aux sceptiques, nous croyons à la véracité de ce récit et, qui plus est, nous le comprenons : un songe n'est qu'un pressentiment déguise. L'amitié et l'amour en ont souvent de cette sorte, ce qui prouve qu'il y a une affinité mystérieuse entre l'âme et le cœur, l'esprit et l'imagination.

Ceci n'est plus de l'invention, c'est de l'histoire :

Sylla voit en songe une Parque. Dès son réveil, il fait son testament. Le soir, il était mort

La femme de César rêve qu'on égorge son mari. Elle le supplie vainement de ne pas sortir, mais, sur les plaisanteries de Brutus qui lui fait sentir combien il est ridicule d'avoir foi dans les songes d'une femme, il sort, se rend au sénat et y est poignardé par ce même Brutus et ses complices.

La mère de Bertrand Duguesclin rêve, après son mariage, qu'elle tient en main un écrin sur lequel sont le portrait de son mari et le sien. Sur le couvercle est un caillou, au-dessous de la boîte, trois diamants et trois perles. Le caillou l'épouvante, elle veut l'arracher, mais, en le frottant, ce caillou se polit et devient u . énorme diamant

Une religieuse consultée interprète ce songe de la manière suivante : « L'écrin, c'est votre maison et vos enfants. La pierre brute, c'est votre fils aîné qui deviendra le plus précieux des joyaux de votre famille. Les trois diamants sont vos trois filles. »

Le caillou brut devait être Duguesclin.

Nous citerons encore un rêve contesté par l'histoire et dont le roman s'est emparé, celui que fit Marie-Antoinette la nuit même de ses noces.

Il y eut, cette nuit-là, un violent orage qui bouleversa le parc de Versailles et empêcha la jeune Autrichienne de dormir dans son lit de reine de France. Debout, a la fenêtre, elle suivait des yeux les ravages de la tempête, et les éclairs jetaient dans la chambre de sinistres lueurs. Lasse, effrayée, tremblante de fièvre, elle se coucha, mais ne put fermer les yeux. Une carafe pleine d'eau etait sur un guéridon, non loin du lit. Les éclairs en faisaient jaillir des figures fugitives et fantasmagoriques. L'archiduchesse s'endormit enfin et son rêve donna un corps aux figures peuplant cette carafe flagellée par la baguette magique des éclairs Alors, elle vit une hideuse machine, avec deux longs bras rouges dans lesquels scintillait la lame d'un couteau Sur l'escalier de cet echafaud montait un homme, son mari, le futur Louis XVI Un nouvel éclair jaillit. Le couteau tombait et la tête du roi roulait dans la robe de noce de la jeune reine

Marie-Antoinette se réveilla, baignée de sueur, la gorge en feu, les yeux hagards. Son mari était là, souriant, qui guettait son réveil. Mais, ô terreur! un nouvel éclair sillonna l'espace, et la tête du jeune prince apparut dans la lueur bleuâtre, pâle, défigurée, avec une ligne rouge au cou.

Napoléon Ier, lui aussi et mieux que César, croyait aux songes. Il avait rêvé Austerlitz. Hélas! il ne rêva pas Waterloo!

Il est vrai, en revanche, que mademoiselle Lenormand l'avait prédit à Joséphine, dont elle avait expliqué un rêve au moyen des cartes.

De l'histoire, nous pourrions sans peine aborder le domaine des légendes, car les songes ont été chantés par nos plus grands poètes. Hippocrate, le maître de la médecine, a écrit un traité où il affirme qu'un médecin doit savoir interpréter un songe. Les grands hommes y ont eu une foi aveugle. Les rois, les empereurs, ont traité leurs rêves comme Napoléon Ier et Louis XVIII traitaient le langage des cartes, avec la conviction sincère que les uns et les autres disaient vrai. Dans ce siècle, mademoiselle Lenormand a eu autant de notoriété que Joseph, au siècle des Pharaons.

Les anecdotes fourmillent. Les preuves abondent, on n'aurait qu'à se baisser pour en prendre. Mais ce n'est pas le moment de parler de la réalisation des rêves ni d'en proposer l'interprétation, nous n'avons qu'à en parler au point de vue de leur analogie avec le langage des cartes.

En effet, ce dernier est une espèce de rêve fait par l'imagination de celui qui explique les cartes. Au lieu de dormir, il veille, voilà tout. Et il n'invente pas, puisque chaque carte tirée lui indique clairement, où il doit aller et ce qu'il doit dire.

Vous rêvez que vous avez trouvé de l'argent. Est-ce bon? Non. C'est un mauvais signe, au contraire. Si les cartes vous disent : Argent, vous pouvez vous réjouir ; mais si, à côté de l'as de trèfle, survient le neuf de pique, signe de mort, vous ne pouvez que penser aux pleurs que vous fera verser une mort à laquelle vous devrez cet argent.

Ce qui revient à dire qu'en général, il faut prendre la contre-partie du rêve, si rien, dans la suite, ne vient en déranger le sens.

En effet, vous rêvez que vous trouvez de l'argent, mauvais signe; mais, un moment après, vous le perdez, signe excellent. En un mot, rien ne viendra troubler votre félicité.

Vous voyez un âne en songe : il court, mauvais présage ; il brait, tracasseries ; il ne bouge pas de place, médisances. Vous le rossez ou le tuez, le rêve devient excellent.

De même pour les cartes. Le n° 17, qui est le plus détestable de tous les tarots, peut devenir bon, d'après les tarots qui l'entourent. En tous cas, il peut donner des avis salutaires et mettre le consultant en méfiance.

Il fait bon, dit-on, d'être enterré vivant dans son rêve. C'est pourtant un affreux cauchemar. D'autres disent que ce songe annonce la misère, mais

9.

que, si l'on suit l'enterrement de quelqu'un, on a droit de compter sur un riche héritage.

Prenez les cartes correspondant a misère, mort, etc., elles vous diront le même pronostic. Si vous les tirez par hasard, au fur et à mesure de votre pensée, et que ces cartes tirées achèvent la signification de votre songe, pouvez-vous ne pas tirer de cette corrélation, au moins un pressentiment?

Voici des femmes en blanc, c'est favorable. Voir un homme en noir, c'est mauvais signe. Si la femme ou l'homme sont assassinés, c'est un excellent presage.

Voir un limaçon rampant, annonce des dignités et des honneurs. Pourquoi? Pourquoi aussi un lapin noir est-il mauvais, et un lapin blanc, très bon? Si on tue le lapin, trahison; si on le mange, bonne santé. Encore pourquoi?

Les cartes sont logiques du moins. Cependant, on peut forcer leur logique à élucider les allures épigrammatiques des songes.

Il n'y a pas de règles précises. Nous ne saurions donc en donner. Tout ce que nous pourrons faire, c'est d'indiquer ce que le cartomancier répondra à celui qui lui explique son rêve et lui demande une interprétation, ou même ce que vous aurez à vous répondre à vous-même.

Les cartes, ayant la prétention de dévoiler l'avenir, et les songes, ayant l'assurance de le voir, doivent s'accorder. Et si, ne sachant que penser d'un rêve que vous avez fait et qui vous tourmente, vous voulez vous l'expliquer, qui empêche que vous ne cherchiez cette explication dans le jeu taroté, ou les cinquante-deux cartes, ou même un simple jeu de piquet?

Le moyen est facile. Suivez-moi bien et vous comprendrez sans explication :

Prenons un rêve de jeune fille, pur et poétique comme elle. La jeune fille vous parle et commence. Vous l'écoutez attentivement, et, a chaque membre de phrase, vous tirez une carte que vous placez à droite, puis toutes les autres cartes tirées sont placées de droite à gauche, jusqu'a ce que le rêve soit fini.

Voici le rêve : « Figurez-vous que je me croyais au ciel, là-haut, tout en haut. Il y avait un rayon de soleil qui ressemblait à une grande epee d'or, et, plus loin, une jolie petite nuee toute blanche Le rayon l'aperçoit et lui traverse le cœur. Et les voilà tous deux, le rayon et la nue, qui glissent en causant le long du ciel bleu Tout a coup, plus de rayon. La nue, restée seule, crie, se desole, appelle. Rien. Le rayon n'est plus là et la nue fond en eau !... »

La jeune fille, cela se devine, doit être amoureuse, peut-être sans le savoir. Tout cœur de vierge aime l'amour avant de le connaître ou de le comprendre. Elle s'est endormie sur la phrase d'un roman ou la dernière strophe d une romance qui tous deux parlaient du ciel et de l'amour. Cela suffit pour qu'elle y rêve, mais que veut dire ce rêve?

Prenons les cartes. « J'étais au ciel, « première carte, c'est *un huit de carreau* (demandes amoureuses); « un rayon de soleil, » deuxième carte, *as de cœur* (lettre agréable); «épée d'or,» *dix de trèfle* (grande fortune); « petite nuée toute blanche, » *dame de cœur* (c'est vous, jeune fille!). « Le rayon l'aperçoit, » *huit de cœur* (réussite en amour); « et lui traverse le cœur, » *as de pique* (succès auprès de la femme aimée). « Et les voila tous deux, » *roi de trèfle* (le père!), « le rayon et la nue, » *le roi de pique* (un homme de loi) «qui glissent en causant, » *as de trèfle* (joie, argent); « tout à coup, plus de rayon, » *dix de carreau* (voyage, depart), « la nue reste seule. Rien! » *dix de pique* (pleurs); « le rayon n'est plus là et la nue fond en eau, » *neuf de carreau*, *sept de pique* (contrariétés, peines de cœur).

Vos treize cartes sont étalées, lisons couramment :

Un jeune homme riche vous demande en mariage. Il réussira, car vous l'aimez déjà ; mais vous n'êtes pas riche, un homme de loi empêchera ce mariage. Vous serez séparée de celui qui vous aime, de là des pleurs. Le sept de pique annonce que ces peines seront passagères.

Rien n'est plus simple, comme vous le voyez.

Si, au lieu d'un jeu de piquet, nous avions pris nos tarots et que nous eussions tiré les mêmes cartes, nous aurions comme explication du rêve :

« Galanterie méritée et partagée. Grand mariage projeté. Pourparlers qui aboutiraient a une grande réussite s'il n'y avait des difficultés et des discordes de famille. Mais ce retard et ces ennuis ne seront que passagers.

Le fond de la prédiction n'est-il pas le même?

Comme preuve a l'appui, nous citerons l'anecdote suivante dont nous garantissons la complète authenticité.

Une jeune fille dépérissait à vue d'œil. Le médecin ne comprenait rien à sa maladie. La famille était désolée.

Cette jeune fille, que, pour la clarté du récit, nous nommerons Berthe, ne savait elle-même ce qui la minait sourdement. Son appétit et son sommeil étaient réguliers, tous ses désirs satisfaits, et, bien que son cœur n'eût pas encore parlé, elle devait épouser, dans un prochain delai, un jeune homme qui l'avait demandée en mariage et attendait avec impatience que sa fiancee revînt à la santé.

Berthe, un jour, dit à sa mère en l'embrassant à son lever :

— Maman, je voudrais consulter une tireuse de cartes. Je suis sûre qu'elle me dirait ce que j'ai.

La mère sourit et consentit à ce que demandait
sa fille. Après tout, on ne risquait rien. Les paroles
ne tuent pas, et on prendrait ce qu'on voudrait
dans les paroles des cartes.

Une fois décidées, les deux dames allèrent consulter une fameuse tireuse de cartes qui a eu un
certain renom. C'etait une Égyptienne, née à
Chaillot ou a Montmartre, en tout cas très habile

L'Égyptienne, laissons-lui son titre, fit le grand
jeu. Ce qu'elle dit ne tiendrait pas dans ce volume.
C'étaient des lieux communs à l'usage de la ba-
dauderie parisienne. Berthe n'en fut pas très
satisfaite, aussi se permit-elle d'interroger la cartomancienne.

— Madame, dit-elle, vos cartes ne savent pas
trop a qui elles parlent. Demandez-leur pourquoi
je deperis ainsi, puisque je ne suis pas malade et
que j'aurai de longs jours, un bon ménage, etc..
Pourquoi? C'est ce que je veux savoir. Répondez.

La cartomancienne interloquée regarda fixe-
ment la jeune fille, et, lui trouvant les yeux cer-
nes, un peu mornes, elle lui demanda à son tour :

— Dormez-vous bien la nuit et faites-vous des
rêves?

— Je dors très bien et je fais souvent des rêves.

— Cette nuit, vous avez rêve encore. Voulez-
vous me raconter votre rêve.

— Oh! c'est à peu près le même toutes les
nuits

— Le même, je m'en doutais. C'est un rêve
vampire, murmura l'Égyptienne. Ce mot de

vampire secoua les deux femmes comme si elles avaient été frappées par une pile électrique.

— C'est vrai, un vampire! c'est un vampire, j'y suis à présent, dit Berthe toute pâle. Écoutez plutôt.

Et elle se mit à raconter le rêve suivant, que la cartomancienne écoutait en ponctuant chaque lambeau de phrase avec une carte :

— A peine endormie, il me semble que je me réveille, je m'habille d'une robe de bal et je vais à l'Opera, seule dans une loge. Tout le monde me regarde et m'admire. Seul, un grand jeune homme pâle me fascine sous son regard. Il vient à moi et je sens au cœur comme une brûlure. Mon sang jaillit frais et rose. Je suis heureuse. C'est un bien-être! Puis le jeune homme disparaît, je me deshabille, je me couche, je me rendors, et, le matin, je me réveille faible, lasse, mais très heureuse, oui, en vérité, très heureuse!..

— Et tu ne m'avais pas parlé de ce rêve, dit la mere.

— Maman, je ne m'en souvenais plus. Je m'en souviens à présent. Oh! c'est étrange, mais jamais je ne m'en serais souvenue....

— Si vous n'etiez pas venue me trouver... dit la cartomancienne. Et voila l'explication, ajouta-t-elle en montrant les cartes étalées devant elle. Les songes sont une seconde vie. Voila pourquoi vous vous réveillez pour vivre dans votre rêve une vie qui vous serait fatale dans la réalité. Fuyez les bals, les theâtres, le monde. Vous n'êtes pas co-

quette et vous le deviendrez. Vous allez vous marier, et vous n'aimez pas. Allez à l'amour comme
on va au salut, c'est l'amour qui vous sauvera.
Ce sang qui coule, c'est votre cœur qui pleure.
Le vampire qui boit ces larmes avec votre sang,
c'est l'amour lui-même que vous ne connaissez
pas. Quand vous vous rendormez dans votre rêve,
c'est le sommeil de la mort. Voulez-vous mourir,
ou préférez-vous aimer?

Berthe s'évanouit de frayeur en entendant ces
mots, et sa mère, aussi effrayée qu'elle, conjura la
cartomancienne de se taire ou de faire mentir
l'oracle.

— L'oracle a parlé, madame, le vampire est
mort. Voici la carte qui me le dit. Et cette carte
ne ment pas. Votre fille ne rêvera plus et gue-
rira.

Quelques jours après, en effet, Berthe renaissait
à la vie. Ses nuits n'étaient plus troublées. On son-
geait déjà à la marier, quand on apprit que le
fiancé, qui etait en voyage, venait d'être tue en
duel, le jour même où la cartomancienne avait
eté consultée. Le vampire du rêve était mort!...

Berthe est aujourd'hui encore une jeune et
charmante mère de famille.

Mais cette anecdote ne prouve rien. Pour expliquer vos rêves avec les cartes, rien n'est plus
facile.

Voici un exemple : tirez au hasard trois cartes
par chaque phrase, au rêve suivant:

« J'ai rêvé au chat. Ce chat me mordait. Je l'ai

EXPLICATION DES SONGES PAR LES CARTES. 161

tué, puis je suis mort moi-même, pendant que le chat ressuscitait. »

Vous avez douze tarots par trois, plus un dernier pour la surprise. Premier tas ; trois valets : dispute. Deuxième tas ; n°⁸ 70, 41, 21 : querelle de ménage ; intervention d'une fille brune. Troisième tas ; 66, 71, 74 : paresse et insouciance. Quatrième tas ; 48, 54, 61 : immenses deceptions. Carte de surprise ; 24 : départ et voyage.

Ce rêve s'explique ainsi : J'aurai une grande querelle, ou avec mes amis ou dans mon ménage, et, si je n'y mets ordre, je serai obligé de me séparer de mes amitiés ou de mon amour.

Et le livre des songes vous répond : chat : trahison.

Lesquels des trois ont raison, du livre, des cartes ou du rêve ?

Essayez-en et vous verrez ce que l'avenir répondra.

# CHAPITRE III

## MOYENS DIVERS DE FAIRE PARLER L'AVENIR

Quand les cartes ne suffisent plus, il reste une foule de petits moyens consacrés par l'usage et sacrés par la superstition, pour forcer l'avenir à nous dévoiler ses mystères.

Nous allons les passer en revue, du moins ceux qui sont simples a employer.

Marc de café. — La lecture dans le marc de café est aussi enracinée dans nos mœurs que l'art de tirer les cartes.

Voici comment on procède :

On prend du marc très sec; on le délaye dans de l'eau tiède et on verse cette mixture sur une assiette bien blanche, en ayant soin de remuer au fur et à mesure que l'on verse, de manière à égaliser la couche sur toute la surface de l'assiette. On égoutte doucement et il ne reste alors que le marc de café qui forme une multitude de dessins bizarres.

La lecture commence par une étude de ces dessins. On se rend bien compte des figures formées par les grains et on leur donne les significations suivantes :

Une tête de chien et un profil humain : Amitié.

Trois figures ensemble : Bon emploi.

Bouquet composé de quatre fleurs : Chances des plus heureuses.

Un cavalier : Demarches sérieuses dans votre interêt.

Triangles ou carres : Mort ou maladie.

Couronne de croix . Mort dans votre famille.

Maison . Vous deviendrez proprietaire.

Poisson · Bon dîner.

Oiseau . Felicité.

Quadrupède : Chagrin

Serpent : Trahison.

Une rose : Sante.

Un buisson d'epine : Retard dans vos affaires.

Un saule pleureur : Accès de melancolie.

Vitrages en carrés · Voleurs ; en ronds, argent à recevoir.

Lignes divisees : Vieillesse agréable.

Lignes tortueuses : Existence traversee de bonheur et de misère.

Trois croix au milieu : Grands honneurs.

Un parallelogramme : Discordes.

Un rond avec quatre points : Naissance d'un enfant.

Un sillon bien trace au milieu : Voyage.

Petites eminences : Calamité.

Après avoir examiné l'ensemble, on procède a l'explication particulière, en allant de gauche a droite et en liant la signification de l'une a celle de l'autre, comme on le ferait avec des cartes.

BLANCS D'ŒUFS. — Ce procédé est fort peu usité, par la raison toute simple qu'il coûte assez cher et que l'œuf bien frais qu'on est obligé d'employer serait trouvé meilleur à la coque ou sur le plat. D'ailleurs, il a beaucoup d'analogie avec le marc de café. Le voici :

On casse un œuf bien frais, on sépare avec soin le jaune du blanc et on jette ce blanc dans un verre d'eau pure. Le verre est déposé dans un endroit sec, sans être recouvert Vingt-quatre heures après, on le consulte. Le blanc y a formé des figures dont l'explication se fait de la même manière que pour le marc de café.

On peut, si on trouve les figures trop peu nombreuses, mettre tant de blancs d'œufs qu'on voudra dans autant de verres d'eau, qu'on range en ligne droite et qu'on examine de gauche à droite.

DIVINATION PAR LE MOYEN D'UN COQ. — Ce moyen est destiné aux jeunes filles de la campagne surtout, qui veulent connaître le nom de celui qui leur est destiné en mariage.

On trace un cercle, et, sur la circonférence, on inscrit les lettres de l'alphabet. Sur chaque lettre est placé un grain de froment. Le coq est au milieu du cercle et l'on remarque les lettres qui correspondent aux grains avalés les premiers On les relève et on compose son horoscope.

Ce moyen est, paraît-il, infaillible. Les Romains le pratiquaient.

LES PETITS PAPIERS. — On remplit d'eau un vase quelconque, aux deux tiers de sa hauteur, on coupe des petits papiers en triangle, en nombre impair, mettons treize. Sur les douze premiers, on inscrit les noms des personnes qu'on aime, qu'on craint, qu'on déteste, celui de son futur, de sa femme, de son mari, etc. Sur le treizième est écrit le nom du diable. On roule ces petits papiers en forme de bâton et on les jette pêle-mêle dans le vase. Le premier papier qui se déroule à la surface est la réponse de l'oracle. Les déductions sont faciles a tirer. Si le nom du diable paraît le premier, gare à vous !

Les vers et les dés. — Moyen très pratique. On écrit des vers d'un grand poète sur une grande feuille de papier et on jette dessus, au hasard, quelques dés. On prend les mots où se sont arrêtés les dés et on en compose une phrase. C'est l'horoscope.

Feuilles de figuier, chardons et roses. — On écrit sur une feuille de figuier la question à poser au destin. On laisse cette feuille exposée à l'air ; si la feuille se dessèche et l'inscription disparaît, c'est un mauvais signe. Si elle se dessèche lentement, sans que l'inscription s'efface, c'est signe de succès.

Vous prenez un chardon, vous coupez les pétales violets le plus ras possible, vous serrez ce chardon dans une armoire et, le lendemain, vous le consultez. S'il a refleuri, vous aurez ce que vous demandez ; si le chardon est sec, c'est un insuccès. On peut mettre autant de chardons qu'on veut se poser de questions.

Ployez une feuille de rose en quatre et faites-la claquer sur le front ou sur la main. Si le bruit est sec, c'est bon signe ; mais, si la feuille ne produit aucun bruit, vous ne réussirez pas dans votre entreprise.

L'ANNEAU ET LE CHEVEU. — On suspend une bague à un cheveu de femme et on tient cette bague au-dessus d'un verre, de manière que l'anneau en frappe les parois Le nombre de coups indique l'âge auquel la personne à qui appartient le cheveu se mariera.

Bien d'autres petits moyens sont encore employés, mais ceux-la seuls valaient la peine d'être donnés.

Il nous reste la chiromancie et la physiognomonie, deux noms barbares qui signifient, le premier, l'art de dire la bonne aventure par l'explication des lignes qui sont dans la main, le deuxième, l'art de decouvrir les vices, les vertus, les passions, par l'examen des traits du visage.

Enfin, la phrénologie clôturera ce simple aperçu que des livres spéciaux ont traité et auxquels nous renvoyons ceux qui voudraient en faire une étude approfondie.

LA MAIN. — C'est toujours sur la main gauche qu'il faut établir ses predictions. Les doigts d'une égale grosseur a la racine et à l'extremité annoncent la bonté et la franchise. Effilés, signe de faiblesse ; gras et lourds, ruse et fourberie ; tres flexibles, esprit et grand cœur ; gros aux jointures

et minces dans le jet, mauvais caractère et mauvaise santé.

La ligne de vie prend naissance entre le pouce
et l'index et fait un demi-cercle. Longue et droite,
vie heureuse ; brisée, chagrins.

L'eminence sous le pouce doit être douce, unie,
blanche, c'est signe de grands succès en amour.
Rugueuse, elle annonce l'opulence et l'avarice.
Si, sur cette éminence, les lignes sont egales et
bien marquées, c'est signe que les facultés intel-

lectuelles sont bien développées. Rompues, elles sont l'indice d'un esprit borné.

La ligne du bonheur commence au-dessous de la racine de l'index et au-dessus de la racine du doigt du milieu. Égale et bien dessinée, c'est l'indice d'un bon caractère; creusée, rouge, hachée, signe de colère et de cruauté ; chargée de petits rameaux, noblesse et sentiments élevés.

Passons a l'éminence qui est sous le petit doigt. Polie, douce et nette, elle annonce la constance et la fidélité ; colorée, signe d'un esprit juste; rose pâle, défaut de goût; ridée, mensonge et vol.

Petits rameaux à la racine de l'index, grande probité.

Lignes chargeant la jointure du doigt du milieu, crédulité, faiblesse.

Lignes latérales à la jointure du doigt annulaire, esprit étroit, dureté.

Petites lignes à la jointure du petit doigt, finesse et ruse.

La durée de la vie est marquée par des lignes nommées *rascettes*, qui se trouvent à la naissance du poignet ; elles forment comme des bracelets. Chaque bracelet représente trente années d'existence.

En général, les lignes droites annoncent une brillante imagination ; les lignes hachées, une mauvaise santé.

Comme pour les cartes, c'est une étude à faire. Ces principes peuvent se modifier et se corriger eux-mêmes. L'emplacement dont nous disposons dans ce volume ne nous permettant pas de donner à cette étude tout le développement qu'elle comporte, nous engageons les personnes qu'elle intéresserait à se procurer à la même librairie le volume intitulé : *Ce que l'on voit dans la main*, par A. de Para d'Hermès. Aucune lecture ne peut être à la fois plus attachante et plus profitable.

ÉTUDE DU VISAGE. — *Le front :* Étroit, indice de stupidité ; large, intelligence développée ; ridé, esprit chagrin ; déprimé et fuyant en arrière, cruauté ; rond et bombé, duplicité et tromperie ; plat, inintelligence.

*Les yeux :* Vifs, franchise et loyauté ; louches, fourberie ; rougeâtres, mauvaises passions ; à demi fermés, indolence et finesse ; clignotants, impertinence ; voilés, ivrognerie ; petits et perçants, tromperie et luxure ; noirs et vifs, force et esprit ; bleus et grands, bonté ; larmoyants, lâcheté ou folie.

*Le nez :* Court, bêtise ; pointu, méchanceté ; gros, cœur généreux ; long et mince, incapacité et froideur ; retroussé, futilité ; long et bien fait, sagesse et capacité ; narines ouvertes, amour des plaisirs

*La bouche :* Petite et lèvres minces, méchanceté ; large et grosses lèvres, courage et volupté ; très grande, penchant à la moquerie ; très petite, incapacité ; grosses lèvres, indice infaillible de timidité.

*Les oreilles :* Petites, intelligence obtuse ; très grandes, vanité et sottise ; grandes et bien ourlées, esprit ; non ourlées, faiblesse et bonté ; relevées à leur partie inférieure, grande intelligence.

*La face en général :* Plate, sottise ; charnue, sensualité ; maigre, poésie ou chagrin.

DE LA PHRENOLOGIE. — C'est l'examen des protubérances du crâne. Voici les principales : sur le milieu de la tête, du front et le sommet, il en existe cinq qui signifient : mémoire, esprit, bonté, amour de Dieu, entêtement.

La bosse de l'orgueil est très grosse, derrière la tête, un peu au-dessus de la nuque ; celle de la bravoure est a côté, près de l'oreille droite ; un peu plus haut, du même côté, la bosse du meurtre ; plus haut, juste au-dessus, celle du suicide.

Au sommet de la tête, derrière et un peu en arrière du côté gauche, sont les deux bosses de la gloire et du sentiment des grandeurs.

Au-dessus de l'œil gauche, sont la bosse de la musique, celle de l'éloquence, de la peinture et du bon goût.

Mais, immédiatement au-dessus, la bosse du mensonge !

Et maintenant tâtez vos bosses, étudiez les lignes de votre main, celles de votre visage, et voyez vous-même ce que vous êtes.

FIN.

# TABLE DES MATIÈRES

## PREMIÈRE PARTIE

### CHAPITRE I

#### ORIGINE DES CARTES

### CHAPITRE II

#### DE LA DIVINATION PAR LES CARTES

### CHAPITRE III

#### DIVERSES MANIÈRES DE TIRER LES CARTES

## CHAPITRE IV
### DES RÉUSSITES.

# DEUXIÈME PARTIE

## CHAPITRE I
### LE GRAND JEU

## CHAPITRE II
### EXPLICATION DES SONGES PAR LES CARTES.

## CHAPITRE III
### MOYENS DIVERS DE FAIRE PARLER L'AVENIR.

2-61-31 — CORBEIL TYP ET STER CRÈTÉ

LA
# PETITE POSTE
## DES AMOUREUX

NOUVEAU SECRÉTAIRE GALANT

CONTENANT DES MODÈLES

de Correspondance, Déclaration
Demandes en mariage, Acceptations, Refus
Reproches, Jalousie

COMPLÉTÉ PAR

## LE GUIDE DU MARIAGE

indiquant

TOUS LES ACTES NÉCESSAIRES

concernant

LA CÉLÉBRATION ET LE CÉRÉMONIAL

DU MARIAGE

Illustré de 150 dessins

Par GREVIN

Un vol in  1- 9

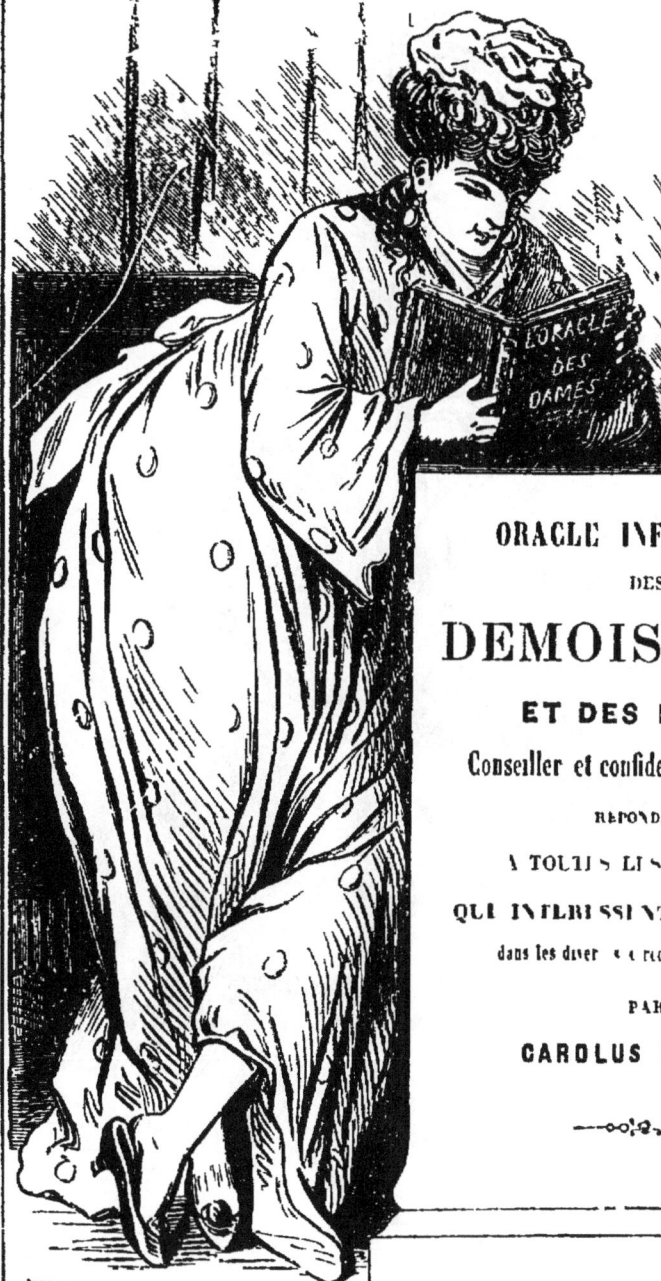

ORACLE INFAILLIBLE

DES

# DEMOISELLES

## ET DES DAMES

Conseiller et confident du beau sexe

RÉPONDANT

À TOUTES LES QUESTIONS

QUI INTÉRESSENT LES FEMMES

dans les divers circonstances de la vie

PAR

**CAROLUS MARIUS**

—∞∞⁖℈⁖∞∞—

Un volume in-12...... .............. ....... .... 1 fr.

CE QUE L'ON VOIT

DANS LA MAIN

Un volume in-12, avec figures représentant tous les différents
types de mains............' 1 fr. 25

LA VRAIE
# CLEF DES SONGES
contenant l'interprétation
DE TOUTES LES VISIONS

UN TRAITÉ
DE L'ART DE DEVINER LES PASSIONS
D'APRÈS LA CONFORMATION DU CRANE

es moyens de connaître
LE CARACTERE
ET
LES PASSIONS DES DAMES
Par l'inspection des grains de beauté

PAR
LACINIUS

# LA VRAIE
# CLEF DES SONGES

contenant l interpretation
### DL IOUIES LES VISIONS

UN TRAITÉ
### DE L'ART DE DEVINER LES PASSIONS

D APRES LA CONFORMATION DU CRANE

les moyens de connaitre
## LE CARACTERE
ET
## IES PASSIONS DES DAMES

Par l inspect on des gra ns de beauté

PAR

# LACINIUS

Un volume in 12, orne de gravures . .. . . 1 fr

www.ingramcontent.com/pod-product-compliance
Lightning Source LLC
Chambersburg PA
CBHW072034080426
42733CB00010B/1889